财智睿读

U0514431

ENVIRONMENTAL REGULATION,
TECHNOLOGICAL INNOVATION,
AND HIGH QUALITY DEVELOPMENT

环境规制、技术创新与高质量发展

石华平 ◎ 著

中国财经出版传媒集团

经济科学出版社
Economic Science Press

图书在版编目（CIP）数据

环境规制、技术创新与高质量发展/石华平著 . --
北京：经济科学出版社，2023.4
ISBN 978 - 7 - 5218 - 4536 - 5

Ⅰ.①环… Ⅱ.①石… Ⅲ.①环境规划 - 影响 - 技术
革新 - 研究 - 中国 Ⅳ.①F124.3

中国国家版本馆 CIP 数据核字（2023）第 031620 号

责任编辑：刘战兵
责任校对：刘　昕
责任印制：范　艳

环境规制、技术创新与高质量发展
石华平　著
经济科学出版社出版、发行　新华书店经销
社址：北京市海淀区阜成路甲 28 号　邮编：100142
总编部电话：010 - 88191217　发行部电话：010 - 88191522
网址：www. esp. com. cn
电子邮箱：esp@ esp. com. cn
天猫网店：经济科学出版社旗舰店
网址：http://jjkxcbs. tmall. com
北京季蜂印刷有限公司印装
710 × 1000　16 开　12.5 印张　200000 字
2023 年 4 月第 1 版　2023 年 4 月第 1 次印刷
ISBN 978 - 7 - 5218 - 4536 - 5　定价：52.00 元
（图书出现印装问题，本社负责调换。电话：010 - 88191545）
（版权所有　侵权必究　打击盗版　举报热线：010 - 88191661
QQ：2242791300　营销中心电话：010 - 88191537
电子邮箱：dbts@ esp. com. cn）

前　言

　　随着中国特色社会主义进入新时代，我国经济已由高速增长阶段转向高质量发展阶段，社会主要矛盾也转化为人民日益增长的美好生活需要和不平衡不充分的发展之间的矛盾，人们既要创造更多物质财富和精神财富以满足日益增长的美好生活需要，也要提供更多优质生态资源以满足日益增长的优美生态环境需要。国家统计局数据显示，2019 年国内生产总值为 98.65 万亿元，人均国内生产总值约为 1 万美元，说明我国综合经济实力和社会财富大幅提高，人们创造了充裕的物质财富，基本满足了人民日益增长的美好生活需要，人民生活水平稳步提高。然而，资源枯竭、生态恶化、气候变暖等突出的环境问题日趋严重，导致人民日益增长的优美生态环境需要难以得到完全满足。显而易见，环境污染与高质量发展的矛盾日益凸显，如何破解二者之间"两难"问题，已经引起政府、企业和学者们高度关注。进入新时代，面对人民日益增长的优美生态环境的迫切需求，加强环境规制政策监管，提升经济发展质量，成为高质量发展新常态下的必然选择。众所周知，技术创新是解决环境污染与高质量发展"两难"问题的重要举措，有助于环境保护与高质量发展实现"双赢"。因此，在技术创新中介变量作用下探讨环境规制对高质量发展的影响，有助于改善生态环境质量，提升经济发展质量，对推动高质量发展具有极为重要的理论和现实意义。

　　为了探讨环境规制、技术创新、高质量发展的内在联系及相互影响，本书遵循"环境规制对高质量发展的影响研究—环境规制对技术创新的影响研究—技术创新中介驱动效应研究"的逻辑思维，尝试从理论模型和实证分析角度论述以下六个问题：(1) 环境规制对高质量发展的影响是否存在非线性关系？(2) 环境规制对高质量发展的影响是否存在时间滞后效应与空间溢出效应？(3) 环境规制对技术创新的影响是否符合倒 N 形曲线特征？(4) 环境规制对技术创新的影响是否存在双门槛效应和帕累托最优区域？(5) 经济发展水平能否提升环境规制对技术创新影响的边际贡献率？(6) 技术创新是否在环境规制对高质量发展影响中存在中介驱动效应？基于对上述问题的探寻，本书的主要内容包含以下三个方面：

　　一是环境规制对高质量发展的影响研究。(1) 数理模型探讨。构建包含环境质量的消费者效用函数模型，探析环境规制对高质量发展影响的非线性关系。(2) 作用机理分析。从环境规制的绿色效应和革新效应双重属性角度与高质量发展的六个实践途径着手分析环境规制对高质量发展影响的作用机理。(3) 实证模型检验。首先，利用 OLS 估计验证环境规制与高质量发展之间呈先抑制后促进的 U 形曲线动态特征。其次，在环境规制政策下，基于系统 GMM 方法分析高质量发展存在时间滞后效应。(4) 空间相关性检验。利用地理距离和经济距离空间权重矩阵，通过构建空间 Dubin 模型实证检验环境规制与高质量发展之间存在空间溢出效应。

　　二是环境规制对技术创新的影响研究。(1) 数理模型推导。将环境规制引入 Cobb – Douglas 生产函数构建数理模型，推导发现环境规制与技术创新大体上呈倒 N 形曲线特征。(2) 影响机制分析。从不同方面论述环境规制对技术创新促进与抑制作用的影响机制。(3) 数据模拟检验。首先，将环境规制一、二、三次项引入实证模型中，初步判断环境规制与技术创新之间存在两个拐点，且拐点之间范围为环境保护和技术创新双赢的帕累托最优区域。其次，引入技术创新的一阶滞后项构建动态面板模型验证环境规制对技术创新的影响呈倒 N 形曲线关系，且技术创新存在显著的时间滞后效应。（4）门槛效应检验。环境规制对技术创新的影响存在双重门槛效应，双门槛区域的环境规制促进企业技术创新。经济发展水平在环境规制对技术创新的影响中存在单门槛效应，经济发展水平在环境规制对技术创新的影响中存在单门槛效应。与环境规制的门槛效应不同的是，在任何门槛区域的经济发展水平，环境规制对技术创新的影响均发挥着正向促进作用，只是程度不同而已。

三是技术创新中介驱动效应研究。（1）机制分析。利用环境规制对高质量发展、环境规制对技术创新的影响机制，发现技术创新在环境规制对高质量发展影响中存在中介驱动效应，并分别进行深入阐述。（2）实证检验。构建技术创新中介效应模型，利用逐步回归检验法探讨技术创新在环境规制对高质量发展影响中的中介作用。分析发现，技术创新在环境规制对高质量发展影响中存在部分中介驱动效应。

因此，本书提出以下观点：（1）环境规制对高质量发展的影响表现为先抑制后促进的 U 形非线性关系。（2）从时间和空间相关性角度看，环境规制对高质量发展存在显著的空间溢出效应和时间滞后效应。（3）环境规制对技术创新的影响呈倒 N 形曲线动态关系，二者之间存在双门槛效应，双门槛值区域视为环境保护与技术创新"双赢"的帕累托最优区域。（4）经济发展水平在环境规制对技术创新的影响中存在单门槛效应，经济发展水平越高，越能提升环境规制对技术创新影响的边际贡献率。（5）技术创新在环境规制对高质量发展影响中存在部分中介作用，且部分中介效应占总效应的比重为 11.5%。

　　基于此，本书提出一些政策建议以及未来研究方向，适度提高环境规制强度，促进企业技术创新，发挥创新驱动效应，推动高质量发展。同时，也需要因地制宜地实施差异化政策规定，完善相关政策配套措施，提高环境规制政策效果。

目　录

第一章

绪　　论

一、研究背景

　　改革开放 40 多年以来，我国工业化进程稳步推进，经济高速增长，按照可比价格计算，国内生产总值年均增长率约为 9.4%，以美元计算，我国对外贸易额年均增长 14.5%，已成为世界第二大经济体、第一大工业国和第一大货物贸易国。然而，在经济增长取得显著成绩的同时，也必须清醒地认识到高投入、高消耗、高污染的粗放型经济增长方式造成了资源浪费和生态恶化等问题。2013 年 1 月，亚洲开发银行（ADB）在"生态文明与国际社会作用"研讨会上发布的《迈向环境可持续的未来：中华人民共和国国家环境分析》报告指出，2007 年中国国内生产总值仅占全球 6%，却消耗掉了全球 15% 的能源、54% 的水泥、30% 的铁矿石，产生的固体废弃物约占全球总量 25%。2014 年 5 月，经济合作与发展组织（OCED）在国际交通论坛年度峰会上发布的《空气污染成本评估报告》指出，空气污染导致我国每年死亡 120 多万人，经济损失高达 1.4 万亿美元。《中国生态环境状况公报（2019）》显示，2019 年全国 337 个地级及以上城市中，50% 以上城市环境空气质量超标，水土流失面积约 273 万平方公里，荒漠化和沙化面积 433 万平方公里。以上数据均表明，环境污染不仅制约了我国经济高质量发展，而且也危及人类生命财产安全。事实证明，环境治理已刻不容缓。

　　随着我国经济社会发展不断进步，环境污染问题渐趋严重，经济增长与生态恶化的矛盾也愈发凸显。那么，如何破解环境保护与经济增长"两难"问题，已经引起了政府、企业以及学者们的高度关注。众所周知，生态环境是一种复合性资源，同时具备稀缺性和公共品双重属性。当企业面临经济利益和环境保护双重选择时，受机会主义和利己主义影响，多数倾向于以牺牲环境为代价而获取超额经济利润，导致生态环境持续恶化。因此，保护环境仅靠市场这只"看不见的手"必然会导致"市场失灵"，资源要素配置难以达到最优，必须借助政府这只"看得见的手"对微观经济主体的排污行为加以监督与规制，以纠正"市场失灵"，使资源要素配置实现帕累托最优。在新时代，要实现经济增长与环境保护"双赢"的高质量发展，必须依靠政府拟定适当的环境规制政策，以行政干预与经济罚款等手段遏制企业偷排漏排超排，减少污染排放，实现节能减排降耗，推动经济社会可持续发展。

党的十九大报告指出，要建设人与自然和谐共生的现代化，推进绿色发展，着力解决突出的环境问题，加大生态系统保护力度，改革生态环境监管体制。为此，生态环境部针对水、大气、土壤污染防治以及固体废物管理等出台了多项政策措施，主要污染物排放量和单位国内生产总值二氧化碳排放量逐年降低，环境治理成效显著，环境质量明显改善。中国特色社会主义进入新时代，我国经济已由高速增长阶段转向高质量发展阶段，必须执行严格的环境规制政策，强化环境综合治理，倡导绿色发展方式和生活方式，坚定走生产发展、生活富裕、生态良好的文明发展道路。尽管新古典经济学派认为严格的环境规制政策会增加企业污染治理成本，抑制经济增长数量，不利于经济高质量发展，但是创新主义学派却认为严格且适当的环境规制政策会激励企业技术创新，减少污染排放，提高企业生产率，提升经济增长的数量和质量，推动经济高质量发展。因此，技术创新在环境规制对高质量发展的影响中发挥了中介作用，且二者的影响程度取决于技术创新中介效应大小。

中国特色社会主义迈进了新时代，我国经济高质量发展进入新常态，正处在转变发展方式、优化经济结构、转换增长动力的攻关期，建设人与自然和谐共生的现代化是经济社会可持续发展的迫切要求。推进高质量发展，不仅要创造更多物质财富以满足人民日益增长的美好生活需要，也要提供更多生态资源以满足人民日益增长的优美生态环境需要。所以，实现高质量发展，要在环境治理和技术创新上下功夫，把立足点放在提高经济发展质量和效益上来。提高经济发展质量和效益关键是贯彻创新、协调、绿色、开放、共享的新发展理念，坚定不移地走绿色、集约、高效的可持续发展道路。因此，研究环境规制、技术创新、高质量发展之间的影响，探寻环境规制促进技术创新的帕累托最优区域，以及环境规制对高质量发展影响的动态曲线特征，厘清技术创新在环境规制对高质量发展中的中介驱动效应，有助于政府拟定与优化环境规制政策，促进企业技术创新，改善生态环境质量，提升经济发展质量，推动高质量发展。

二、研究目的和意义

（一）研究目的

随着我国工业化持续发展和经济高速增长，煤和石油等化石燃料消费量持续增加，导致环境污染越来越严重。以二氧化碳排放为例，2005 年我国碳排放量首次超过美国，成为全球最大的二氧化碳排放国。显而易见，要素驱动方式已不再适合我国经济高质量发展对资源环境和生态环境的要求，必须转变经济发展方式，调整和优化经济结构，从源头上降低碳排放量。2019 年11 月 26 日，联合国环境规划署（UNEP）发布的《排放差距报告（2019）》（Emissions Gap Report 2019）指出，除非未来十年全球温室气体排放量每年下降 7.6%，否则《巴黎协定》设定的 1.5℃的温控目标将难以实现。事实上，严重的环境污染不仅导致了全球变暖，阻碍了经济发展，而且也损害了人们的身体健康，不利于推动高质量发展。为此，我国向联合国气候变化框架公约秘书处提交了《强化应对气候变化行动——中国国家自主贡献》。报告指出，到 2030 年我国单位国内生产总值二氧化碳排放量相比 2005 年将下降60% ~65%。该目标预示着 2005 ~2030 年我国碳强度下降率平均每年必须维持在 3.6% ~4.1%。不难发现，现阶段我国面临的环境治理任务异常艰巨。

环境规制是污染治理的有效政策手段之一，其目的是使生产者和消费者在决策时将污染负外部性成本内部化，将消费者行为调节到社会最优化生产和消费组合（傅京燕，2006）。其实，也是在经济发展和环境保护之间综合权衡，实现帕累托最优。宽松的环境规制难以有效激励企业技术创新，不仅无法减少污染排放，而且还制约了经济发展。但是，过于严格的环境规制虽能有效遏制环境污染，但不利于企业技术创新，更严重地阻碍了经济发展。所以，严格且适当的环境规制倒逼企业技术创新，减少污染排放，提高全要素生产率，提升经济发展质量和效益。由此推测，严格且适当的环境规制必定存在上下限阈值，且阈值范围即环境保护与技术创新"双赢"的帕累托最优区域。

环境规制虽能减少污染排放，改善环境质量，提升经济发展质量，但也会因遵循成本效应而降低经济数量增长。然而，高质量发展既涵盖经济增长数量，也包含经济质量提升，是更高层次的经济发展水平。其实，经济增长数量和质量是经济增长理论同一问题的两个不同方面（任保平，2013）。那么，基于减排降耗为导向的环境规制对高质量发展的影响如何？一方面，宽松的环境规制对企业技术创新的激励不足，创新补偿效应不足以抵消遵循成本效应，导致技术创新对经济发展质量的提升作用低于环境规制对经济增长数量的抑制作用，表现出环境规制抑制高质量发展。另一方面，严格且适当的环境规制倒逼企业技术创新，创新补偿效应抵消甚至超过遵循成本效应，经济增长数量和质量同时得以提高，表现出环境规制促进经济高质量发展。

本书分析了环境规制、技术创新、高质量发展之间的逻辑联系与影响关系。首先，通过空间动态模型探究环境规制对高质量发展的影响及空间相关性。其次，利用门槛效应模型探寻环境规制促进企业技术创新、实现环境保护与技术创新"双赢"的帕累托最优区域。最后，实证检验技术创新在环境规制对高质量发展影响中的中介驱动效应。其目的在于：第一，中国特色社会主义进入新时代，经济发展更加注重发展质量和效益，从经济增长总量、提质增效、创新驱动、结构调整、绿色发展、对外开放和民生保障7个维度构建高质量发展综合评价指标体系，丰富了高质量发展理论研究。第二，利用高质量发展空间相关性探索环境规制对地区高质量发展的影响，拓展了环境经济学与区域经济学的交叉学科研究。第三，进一步完善环境规制理论，论证环境规制对技术创新的影响符合倒 N 形曲线动态特征，探明了环境规制促进技术创新的帕累托最优区域。第四，厘清技术创新在环境规制对高质量发展影响中的中介驱动作用，凸显了创新驱动发展战略的优越性，有助于加快转变经济发展方式，增强经济增长内生动力，提升经济增长数量和质量，实现高质量发展。

（二）研究意义

推进高质量发展已成为新时代中国特色社会主义的发展主题，深入探讨环境规制与高质量发展的影响是关乎能否建成"两型社会"以及促进人与自然和谐共生的重大课题。因此，本书以技术创新作为中介变量探讨环境规制对高质量发展的影响具有一定的理论和现实意义。

1. 理论意义

（1）为政府开展环境治理和推进高质量发展提供了理论支撑。本书深入探讨环境规制、技术创新、高质量发展之间的传导机制，深入剖析技术创新在环境规制对高质量发展影响中的中介作用机制，有助于厘清环境规制对高质量发展影响的内在逻辑关系，充分发挥技术创新在环境规制对高质量发展影响中的中介效应，为政府制定适宜的环境政策措施、提高环境治理效果、提升经济发展质量、推动高质量发展提供了理论支撑。

（2）丰富了高质量发展综合评价指标测量方法。基于高质量发展的本质内涵，紧扣创新、协调、绿色、开放、共享的新发展理念，从经济增长总量、提质增效、创新驱动、结构调整、绿色发展、对外开放和民生保障7个方面构建高质量发展综合评价指标体系，利用综合指数法进行指标测算，进一步丰富了高质量发展指标量化方法，为高质量发展理论研究提供了参考依据。

（3）建立数理模型为拓展"波特假说"提供了理论基础。从企业排污治污的动机与行为着手，将环境规制作为约束条件引入 Cobb－Douglas 生产函数，对三个不同强度范围环境规制对技术创新的影响进行数理模型分析，从理论层面上论证环境规制对技术创新的影响符合倒 N 形曲线动态特征，拓展了"波特假说"理论，为实证研究提供了数理依据。

（4）进一步拓展"波特假说"，完善环境规制理论。"波特假说"提出，严格且适当的环境规制促进技术创新。那么，如何界定"严格且适当"的环境规制强度？过于严格的环境规制对技术创新的影响将会如何？本书将在"波特假说"的基础上进一步扩展讨论，试图讨论环境保护与技术创新"双赢"的帕累托最优区域，对严格且适当的环境规制强度加以明确界定，以弥补环境规制理论的不足，对于完善环境规制理论具有重要的理论意义。

2. 现实意义

（1）有助于环境规制政策因地制宜、因情施策，提高政策的目的性，推动高质量发展。在环境规制绿色效应和革新效应双重属性作用下，环境规制对经济增长数量和质量两个维度的影响程度和大小不同。研究显示，环境规制对高质量发展的影响呈 U 形曲线关系。因此，本书建议政府决策机构因地制宜拟定政策，因情施策落实政策，引导企业严格遵循环境规制政策，通过技术创新的先动优势效应和创新补偿效应，加快实施创新驱动发展战略，推动高质量发展。

（2）探寻环境规制促进技术创新的帕累托最优区，为拟定严格且适当的环境政策提供决策参考。关于环境规制与技术创新的研究，无论是理论分析还是实证研究，都尚未取得一致性结论。本书通过构建门槛效应模型，试图寻求环境规制对技术创新影响的双门槛值，将双门槛范围视为环境规制促进技术创新的帕累托最优区域，未来为政府拟定严格且适宜的环境规制政策提供现实依据。

（3）有助于提高环境规制政策效应，达到政策预期目标。正确处理好政府与企业、宏观与微观的关系，才能保障市场机制良性运转。宏观层面，为政府决策机构提供不同环境规制强度对技术创新影响的动态路径，引导决策者尊重经济发展规律，制定适宜的环境政策和相关配套措施，利用各种不同环境政策组合工具，提升环境规制政策效应，有助于实现环境保护与技术创新双重目标。微观层面，企业在政策允许范围内，增加创新资金投入，强化污染治理，减少污染排放，以达到节能减排降耗的预期目标。

（4）发挥技术创新的中介作用，为环境规制把脉，为高质量发展助力。理顺环境规制、技术创新、高质量发展之间的内在逻辑联系，制定合适的环境规制政策，充分利用技术创新在环境规制对高质量发展影响中的中介驱动效应，激活技术创新在环境治理和经济高质量发展中的创造力，以创新驱动发展，不断提高经济增长的数量和质量，推动高质量发展迈上新台阶。

三、研究思路及主要内容

（一）研究思路

本书基于西方经济学、资源与环境经济学、生态经济学、发展经济学和新制度经济学等学科前沿理论，立足于我国经济发展的实践变迁与历史经验，借鉴环境规制理论与高质量发展理论已有研究成果，通过数理模型推导环境规制、技术创新、高质量发展之间的影响关系，并利用数据实证检验三者之间的内在联系，为政府拟定适宜的环境规制政策、助推高质量发展提供决策参考。

本研究的基本思路如下：

首先，通过系统梳理国内外关于环境规制对高质量发展影响、环境规制对技术创新影响的相关文献，厘清环境规制与高质量发展、环境规制与技术创新的影响，以及技术创新在环境规制对高质量发展影响中的中介驱动效应，试图探寻已有研究中尚不多见或仍属空白的领域，为本书的研究寻求突破口。

其次，以西方经济学、资源与环境经济学、生态经济学、发展经济学和新制度经济学等经济理论为研究基础，通过对环境规制、技术创新、高质量发展进行理论阐述、模型推理和机制分析，初步形成本书的理论基础，并以此作为实证研究的理论支撑。

再次，基于上述理论基础，通过构建空间 Dubin 模型，探讨环境规制对高质量发展的影响及空间相关性，为环境治理和经济发展提供政策建议，助推经济高质量发展。从门槛效应角度探讨环境规制对技术创新的影响，通过构建门槛效应模型确定门槛数和门槛值，并以此判定环境保护与技术创新"双赢"的帕累托最优区域。进一步检验技术创新在环境规制对高质量发展影响中的中介驱动效应，有助于发挥技术创新在环境规制对高质量发展影响中的中介驱动作用。

最后，根据上述实证研究的估计结果，结合当前我国环境规制政策现状和存在的问题，以及未来的研究方向，提出可行性的政策建议。

（二）主要内容

本书在充分借鉴国内外已有研究的基础上，结合当前我国环境规制政策、技术创新能力以及经济发展水平等现状，通过数理分析与实证研究相结合的方式，对环境规制、技术创新、高质量发展之间的逻辑联系及其影响机制展开深入探讨。本书的研究框架共分为七个部分，主要内容安排如下：

第一章，绪论。本章主要介绍本书的研究背景、目的和意义，明晰研究思路与主要内容，明确研究方法和技术路线，构建本书的研究框架与结构，并提出本书的创新点与不足之处。

第二章，文献综述。首先，对环境规制、技术创新、高质量发展的概念、分类及测度进行文献梳理与归纳。其次，在现有研究的基础上，分别对环境规制与高质量发展、环境规制与技术创新、技术创新与高质量发展进行文献回顾。最后，在上述文献综述的基础上进行文献述评，确定研究方向。

第三章，高质量发展影响机制分析：基于环境规制与技术创新的逻辑关系思考。本章主要从环境规制和技术创新角度分析高质量发展的影响机制。第一，顺着经济增长理论演绎脉络，从经济增长理论演化到经济发展理论，再升华到高质量发展理论，展现了从追求经济增长数量到经济质量提升的经济增长理论发展脉络。第二，阐述高质量发展的时代背景、基本特征、约束条件，为研究高质量发展理论提供分析基础。第三，高质量发展的内生机制、动力机制和实现机制。从粗放型经济增长方式造成大量污染排放，导致生态环境持续恶化，由此引申出污染治理是高质量发展的必要条件。实现高质量发展，必须从要素驱动转向创新驱动，将技术创新作为高质量发展的动力源泉，从创新驱动效应的微观与宏观层面分析高质量发展的动力机制，实施创新驱动发展战略，提高要素配置效率，提升经济发展质量。从环境规制对高质量发展的影响机制、环境规制对技术创新的影响机制以及技术创新的中介驱动效应三个角度进行分析，以探索高质量发展的实现机制。

第四章，环境规制对高质量发展的影响及空间溢出效应研究。第一，由数理模型推导发现环境规制对高质量发展的影响大致表现出 U 形曲线关系，为下文实证分析提供理论支撑。第二，基于高质量发展的本质内涵与实现途径，从经济增长的数量和质量层面选取指标构建高质量发展综合评价指标体系，利用综合指标法测算 2003～2017 年我国 30 个地区高质量发展综合评价指数。第三，构建环境规制与高质量发展的动态面板模型，利用系统 GMM 方法分析二者之间的影响。第四，基于动态 Dubin 模型实证检验环境规制对高质量发展的空间相关性，对全国、东部、中部和西部地区模型估计结果进行比较性分析，以检验环境规制对高质量发展影响的空间溢出效应和时间滞后效应。

第五章，环境规制对技术创新的影响及门槛效应研究。第一，通过构建数理模型探讨环境规制对技术创新的影响，为下文实证研究提供理论基础。

第二，采用 OLS 和系统 GMM 回归方法拟合环境规制对技术创新的影响，初步验证二者之间呈倒 N 形曲线关系。第三，根据倒 N 形曲线特征，判断环境规制对技术创新的影响可能存在两个拐点，利用门槛效应模型确定环境规制对技术创新影响的双门槛值，双门槛值范围内环境规制对企业技术创新产生促进作用。

第六章，基于技术创新中介效应的实证检验。本章围绕技术创新在环境规制对高质量发展影响中的中介驱动效应展开研究，并利用数据进行实证检验。首先，构建中介效应模型，实证检验技术创新中介变量的作用下，环境规制对高质量发展影响中的中介驱动效应。其次，根据技术创新中介效应的实证结果，进一步测算技术创新在环境规制对高质量发展影响中的部分中介效应和总效应，以及部分中介效应在总效应中所占的比重。最后，阐释了倒 N 形曲线和 U 形曲线的存在依据，并根据两种曲线的特征，分析拐点所处位置。

第七章，研究结论、政策建议与未来展望。本章主要对全书的研究结论进行总结性阐述，提出一些可行性政策建议以及研究不足之处，并对未来的研究方向进行展望。

四、研究方法与技术路线

（一）研究方法

本书以习近平新时代中国特色社会主义经济思想为指导，综合运用了西方经济学、资源与环境经济学、发展经济学、区域经济学、新制度经济学等相关学科领域的研究方法，采用定性分析与定量分析、规范分析与实证分析相结合的技术手段，力求通过多维度、深层次、宽视野全面系统地研究环境规制、技术创新、高质量发展的内在逻辑和影响机制。

1. 文献研究与分析法

通过查阅国内外关于环境规制、技术创新和高质量发展的相关文献资料，对相关基础理论、研究方法、研究结论等内容进行归纳、整理、分类、总结及评述，试图发现已有研究中的不足之处，为本书指出进一步研究方向。

2. 交叉学科综合分析法

综合运用规制经济学、资源与环境经济学、发展经济学、制度经济学、区域经济学等学科理论知识，将环境规制理论、技术创新理论、高质量发展理论、经济增长理论等前沿理论与方法交叉运用和有机融合，利用生产函数和消费者效用函数模型推导，研究环境规制与高质量发展以及环境规制与技术创新的影响路径。

3. 逻辑演绎与计量分析法

逻辑演绎法是根据研究内容对现有模型稍微调整修改与创新，构建适合本书研究的数理模型，将模型结论与经济学原理相结合，并进行影响机制分析。计量分析法是基于数理模型结论和影响机制，利用样本数据对环境规制、技术创新、高质量发展的影响进行实证检验。

4. 动态分析法

技术创新和高质量发展可能都会受前期水平影响，为排除时间滞后因素影响，在实证检验过程中，利用系统 GMM 估计方法对动态面板模型进行回归估计，以检验环境规制对高质量发展、环境规制对技术创新的影响，以及被解释变量的时间滞后效应和各变量之间的动态特征。

5. 系统分析法

环境保护与经济发展之间的关系错综复杂，正确解决和处理好环境保护与经济发展之间的矛盾，必须以系统理论为指导，深入分析环境规制、技术创新、高质量发展之间的影响机制，综合权衡各方利弊，以系统分析的方法研究环境规制、技术创新、高质量发展之间的逻辑联系。

（二）技术路线

本书的技术路线如图 1-1 所示。

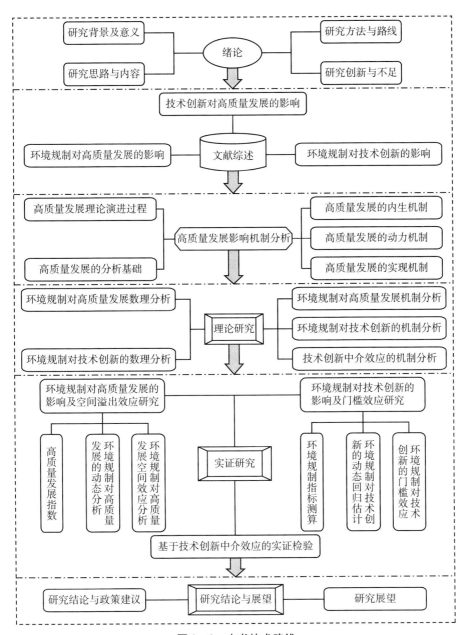

图 1-1 本书技术路线

五、研究创新与不足

（一）研究创新

本书的创新点可归纳为以下三个方面：

1. 拓展了"波特假说"理论

"波特假说"理论提出，宽松的环境规制因遵循成本效应挤占技术创新资金，抑制企业技术创新。适当的环境规制促使企业开展更多的技术创新活动，提高全要素生产率。但是，严格的环境规制对技术创新的影响如何呢？研究发现，严格的环境规制遵循成本大于技术创新补偿收益，又反过来抑制企业技术创新。因此，本书在"波特假说"的基础上，创新性地提出环境规制对技术创新的影响呈先抑制、后促进、再抑制的作用方向，二者之间的影响满足倒 N 形曲线动态特征。为了验证该假设是否成立，本书构建数理模型，验证了环境规制与技术创新之间存在两个拐点，并利用数据进行了模拟检验，论证了环境规制对技术创新的影响呈倒 N 形曲线关系，二者之间存在双重门槛效应。

2. 构建高质量发展综合评价指数体系

本书紧扣创新、协调、绿色、开放、共享的新发展理念，以高质量发展综合评价指标为目标层，选取经济增长总量、提质增效、结构调整、创新驱动、绿色发展、对外开放和民生保障 7 个指标为一级指标层、17 个指标为二级指标层、24 个指标为三级指标层，利用熵值法构建指标权重，采用综合指标法测算了我国 30 个地区高质量发展综合评价指数。特别指出的是，本书创新性地选取了经济增长数量（经济增长总量）、经济质量提升（提质增效）、创新（创新驱动）、协调（结构调整）、绿色（绿色发展）、开放（对外开放）、共享（民生保障）7 个指标构建一级指标层，涵盖了高质量发展的经济增长数量和质量层面以及新发展理念，确保指标体系更科学、更全面、更精准。

3. 技术创新中介驱动效应研究

关于环境规制与高质量发展的关系，以往研究侧重于环境规制减少污染排放，改善环境质量，提升经济发展质量。本书通过分析环境规制、技术创新、高质量发展之间的影响机制，创新性地将技术创新作为环境规制对高质量发展影响的中介变量，探索性地分析技术创新的中介驱动效应。通过构建中介效应模型，实证检验发现技术创新在环境规制对高质量发展影响中发挥了部分中介作用。中国特色社会主义迈进了新时代，从要素驱动和投资驱动战略转向创新驱动发展战略，在此背景下探索技术创新在环境规制对高质量发展影响的作用机制，丰富了高质量发展的理论研究。

(二) 研究不足

本书仍存在一些不足之处，大致可归纳为以下三个方面：

1. 环境规制衡量指标相对偏少

本书虽然克服了以单一指标度量环境规制的缺陷，但由于工业二氧化硫、烟尘、粉尘的达标量等指标数据官方不再提供，部分数据无法获得，导致评价指标层中衡量指标相对偏少，从而降低了指标的信度。

2. 技术创新衡量指标比较单一

因技术创新指标涉及范围广泛，综合衡量难度较大，且已有研究中多数采用单一指标替代衡量。本书虽然采用了两个指标替代衡量技术创新指标，但仍采用文献中常用的替代指标衡量。所以，在衡量技术创新指标上仍未突破已有文献的做法。

3. 理论与实际的拐点有差异

虽然环境规制对技术创新影响的数理模型推导中能大致判断二者之间呈倒 N 形曲线关系，但理论模型与实证分析的拐点有差异，有待在未来研究中对模型进一步优化与完善。

第二章

文 献 综 述

一、环境规制：概念、分类与测度

（一）环境规制的概念

规制又称政府管制，即政府运用公共权力，通过拟定规则或实施行动对个人或组织的行为进行限制和监督。日本著名规制经济学家植草益（1992）认为，规制是依据一定的规则对构成特定社会的个人和特定经济的主体活动进行规范和限制行为，其目的是为了维护正常的市场经济秩序，提高资源配置效率和社会福利水平。随后，美国著名经济学家施蒂格勒（1996）将规制定义为"为满足利益集团要求而设计和实施的，是国家强制权的应用"，并将规制分为私人规制和公共规制。丹尼尔·F. 史普博（1999）分别从经济、法学、政治学角度对规制的概念进行了归纳，试图将行政决策与市场机制两种模型统一起来。基于此，他提出"规制是由行政机关制定并执行的直接干预市场配置机制或间接改变企业和消费者供需决策的一般规则或特殊行为"。国内学者在借鉴西方学者思想的基础上，对规制的概念也进行了有益探索。如樊纲（1995）将规制的概念界定为"政府对私人部门的经济活动进行规定，如价格规制、数量规制或经营许可权等"。余晖（1997）认为，规制是政府行政机构以纠正"市场失灵"为己任，以法律为依据，通过颁布法律、法规、规章、命令及裁决等手段，对微观经济主体并非完全公正的市场交易行为进行直接控制或干预。张波（2010）从规制目的角度进一步补充后提出，政府规制的目的是为了纠正"市场失灵"，实现社会福利最大化。

关于环境规制的概念界定，学者们也经历了长期探索和不断完善的过程。最初，从规制概念的引申与扩展，提出了环境规制是政府以国家强制、市场干预等非自由市场途径对利用资源环境的行为进行直接控制，如政策法规、规范标准等。如潘家华（1993）提出"环境规制是政府以非市场手段直接干预资源环境利用行为"。熊鹰和徐翔（2007）认为，环境规制是依靠国家政权的力量，通过设定环境质量指标、立法、行政等刚性手段对环境问题进行直接干预。随着我国市场经济逐步完善与发展，庇古税、政府补贴、押金返还等经济手段被用于制约经济主体利用资源环境的行为，环境规制的概念得以拓展和延伸，进一步修正为"政府利用政策法规、行政命令等强制手段以及经济激励、市场机制等经济手段对利用资源环境的行为进行直接或间接干预"。如肖璐（2010）从两个方面对环境规制进行定义：从行政决策看，环境规制是专门行政机构制定与实施的法律制度、政策以及环境质量标准，通过调节和规范各种经济主体行为，对造成环境污染或破坏环境的行为进行限制、禁止等管理活动。从市场机制看，环境规制是在特定的环境政策制度下各个环境利益集团博弈的过程和结果。董敏杰（2011）认为"环境规制是政府利用市场机制调节经济主体排污行为，治理与控制新增污染物排放"。随着人们的环保意识逐渐增强，由环保倡导者自发组织成立了"自然之友""中华环境保护联合会""中华环境保护基金会"等公益性环境保护协会，环境保护越来越受到政府部门重视。因此，环境规制的概念被再次扩展，并归纳为三种类型，即"环境规制涵盖以政府强制干预的命令控制型、以市场机制调节的经济激励型和以社会自发组织的自愿参与型"。

因此，本书基于以上论述，将环境规制的概念界定为在市场经济条件下，因环境污染负外部性成本内在化而引起社会成本与生产成本之间的差异，政府利用各项综合政策法规对微观经济主体利用资源环境的行为进行干预、控制和调节，目的是实现环境保护与经济增长"双赢"（赵红，2011；张红凤和张细松，2012）。

（二） 环境规制的分类

环境规制属于政府公共事务管理范畴下具有社会性质的重要政策，是以环境保护为目的而制定和实施各项政策与措施的总和。随着环境规制理论研究逐步完善，学术界从不同角度对环境规制进行了分类。如张嫚（2005）将环境规制分为正式环境规制和非正式环境规制。其中，按照对经济主体排污行为的约束方式又将正式环境规制分为命令控制型（CAC）和市场激励型（MBI）。张弛和任剑婷（2005）根据不同适用范围将环境规制划分为出口国、进口国和多边环境规制。赵玉民等（2009）将环境规制分为显性和隐性环境规制。综合现有文献中关于环境规制的分类，本书参考张倩（2016b）的划分方法，将环境规制分为命令控制型、市场激励型和自愿参与型。

命令控制型环境规制是政府部门以环境保护为目的，通过拟定政策法规或规范标准控制微观经济主体利用资源环境的行为，具有一定的强制性。如1973年第一次全国环保会议上表决通过的《关于保护和改善环境的若干规定（试行草案)》中"三同时"制度；1979年颁布的《中华人民共和国环境保护法（试行)》首次提出了环境影响评价制度；2004年国家环保总局印发的《关于开展排污许可证试点工作的通知》要求开展排污许可证制度试点工作。市场激励型环境规制利用市场调节机制和经济激励手段调节经济主体行为，使生产者和消费者在决策时将污染负外部性成本内在化，从而确保生产与消费组合达到最优。如2014年8月6日国务院办公厅印发了《关于进一步推进排污权有偿使用和交易试点工作的指导意见》，旨在发挥市场调节机制推进环境保护和污染减排；《中华人民共和国环境保护税法》规定自2018年1月1日起正式开征环境保护税，环境税主要依据污染物有害程度核算税额，其目的是将污染负外部性成本内在化。自愿参与型环境规制由政府、行业协会或经济主体等组织机构自身提出，微观经济主体选择是否自愿参与，目的在于改善环境绩效。如信息公开披露、自愿环境协议、环境认证、环境听证、环境审计等。

以上三种类型的环境规制既有共性，也有特性。其中，共性是减少污染排放，提升环境质量。特性主要表现在：一是主体不同。命令控制型环境规制以政府为主体，利用环境政策法规，采取行政命令方式制约企业利用资源环境行为。市场激励型环境规制以政府和企业为主体，政府拟定积极的经济激励政策引导，企业主动响应政策号召，二者共同维护生态环境。自愿参与型环境规制以行业或企业为主体，自主选择是否自愿参与环境保护。二是属性不同。命令控制型环境规制具有强制性，由政府权威部门颁布，以强制执行方式管制企业利用资源环境行为。市场激励型环境规制具有强制性和自主性双重属性，政府通过拟定政策法规，将污染负外部性成本内在化，以成本—收益法则引导企业自主理性选择，政策仍具有强制性，企业具有自主性。自愿参与型环境规制具有自主性，企业根据自身发展情况自愿选择是否加入行业协会或公益组织，参与环境保护行动，具有完全自主性。三是约束不同。命令控制型环境规制采取强制措施控制企业行为，约束最大，但抑制了企业自主创新的积极性。市场激励型环境规制约束居中，经济激励措施能有效平衡环境保护与企业利益，既能减少污染排放，又能提高经济利润。自愿参与型环境规制因缺少政策引导和强制性要求，完全取决于微观经济主体的环保意识，约束最小。

（三）环境规制的测度

因环境规制种类繁多，内涵丰富，测量维度广泛，而且数据不易获取，导致环境规制的测度始终存在较大争议。因环境规制指标选取不同，或同一指标数据来源不同，很可能导致实证结果不显著甚至得出相反结论（张成，2010）。通过梳理国内外关于环境规制测度的相关文献发现，测量指标选取倾向于从定性描述指标向定量分析指标、从投入型指标向绩效型指标、从单一变量指标向综合指数指标逐渐演变（陈路，2017）。目前，现有文献中关于环境规制测度指标的选取方法主要包括环境治理投入指标、环境治理成效指标、环境监管强度指标、综合评价指标和替代指标等。

1. 环境治理投入指标

学术界普遍认为，因微观经济主体的投机心理作用，企业环境治理投入与政府治理环境的要求息息相关。企业环境治理投入越大，表明政府治理环境的要求越严格，环境规制强度也越大。格瑞（Gray，1987）使用环境治理投入占总成本或总产值的比重衡量。以美国为研究样本的实证研究中多数采用了污染减排成本（Pollution Abatement Cost，PAC）度量环境规制（Gray and Shadbegian, 1993; Lanjouw and Mody, 1996; Jaffe and Palmer, 1997; Brunnermeier and Cohen, 2003 等）。莱文森（Levinson, 1996）利用污染治理投入衡量美国各州及行业环境规制。国内也有学者采用环境治理投入作为衡量环境规制的指标，如赵红（2007）以每千元产值污染治理设施运行投入作为环境规制的衡量指标。张成（2010）采用样本产业废水和废气污染治理设施当年人均运行投入作为衡量环境规制的指标。杨涛（2003）采用全国各地区工业污染治理投资额对环境规制指标进行替代衡量。

2. 环境治理成效指标

环境规制的目的是减少污染排放，改善环境质量。环境规制强度必定与环境治理成效有关，环境规制强度越大，环境治理成效越好。盖洛普和罗伯茨（Gollop and Roberts, 1983）以环境规制实施前后污染减排量之差替代环境规制指标。布伦奈尔和莱文森（Brunel and Levinson, 2013）采用单位价值增值对应排污量预测值与实际值的比值作为环境治理成效指标衡量环境规制。国内关于环境治理成效的直接数据不易获取，学者们通常利用工业三废（废气、废水、固废）排放量或排放达标率等指标替代。如张中元和赵国庆（2012）分别利用工业废水排放达标率和工业二氧化硫去除率作为环境规制的衡量指标。刘建民和成果（2008）利用各地区污水排放达标率与污水排放量的比值反映环境治理成效，并以此作为环境规制的替代指标加以衡量。

3. 环境监管强度指标

环境治理通常采取命令控制型环境规制对微观经济主体利用资源环境行为进行监督和约束，政府对企业排污行为监管的强度直接体现了环境规制的强弱。由于墨西哥缺乏类似 PAC 投入成本的数据库，所以该国学者们采取政府监督检查频率来替代环境规制指标。阿普雷等（Aplay et al., 2002）以政府对环境污染监督检查工作在媒体上公开报道的次数作为环境规制指标。约沃奇克和魏（Javorcik and Wei, 2004）分别利用国际环境条约签署的数量和非正式环保型组织的个数作为环境规制指标。布伦纳梅尔和科恩（Brunnermeier and Cohen, 2003）以国家环境保护机构对企业污染监督次数替代衡量环境规制。李树和翁卫国（2014）基于地方立法和行政规章的实际效率，将地方累计颁布环境法规的数量与环境规章的数量作为地方环境规制的衡量指标。

4. 综合评价指标

由于单一指标仅从某一方面反映环境规制强度，可能存在片面性。为了规避单一指标的缺点，学者们提出利用综合指标从多方面综合衡量环境规制。沃尔特和乌格洛（Walter and Ugelow，1979）利用综合指数法衡量各国环境规制，并对不同国家的环境规制进行了比较。随后，范比尔斯和范登伯格（Van Beers and Van den Bergh，1997）在沃尔特和乌格洛（Walter and Ugelow，1979）研究的基础上，对基础指标进行了调整和扩充，进一步改进了环境规制综合指标的构建方法。多马兹利希和韦伯（Domazlicy and Weber，2004）利用不同污染物排放强度加权平均计算排污综合指数衡量环境规制。肖红和郭丽娟（2006）利用一个目标层（ERS综合指数）、3个评价指标层（废气、废水和废渣）和4个单项指标层构建环境规制评价指标体系，将4个标准化指标加总得到环境规制强度指数。傅京燕和李丽莎（2010）在肖红和郭丽娟（2006）研究思路的基础上，进行了数据标准化处理和权重赋值，重构了工业行业环境规制指标。这种做法此后被许多国内学者借鉴采用，如李玲和陶锋（2012）利用综合评价指数法对我国制造业环境规制强度进行了构建；余娟娟（2015）也利用该方法构建了各行业环境规制指标；石华平和易敏利（2019）以废气治理投入、废水治理投入、固废综合利用率、处置率作为4个单项指标层，利用综合评价指数法构建了工业行业环境规制指标；唐国平等（2013）利用工业三废（废气、废水、固废）排放达标率作为单项指标，构建了工业环境规制强度指标；原毅军和谢荣辉（2014）利用废水排放达标率、二氧化硫去除率、烟（粉）尘去除率和固废综合利用率4个单项指标构建了各地区正式环境规制强度综合指标。

5. 替代指标

替代指标既与环境规制高度相关又独立于环境规制，因数据相对容易获取，且与环境规制密切相关，近年来也被学者们大量借鉴。替代指标的优点是数据较易获取，有效避免了环境规制指标复杂化，适用于面板数据和时间序列数据研究（张倩，2016b）。缺点是指标相对比较单一，与单一指标类似，可能存在片面性，缺乏足够说服力。达斯古普塔等（Dasgupta et al.，2001）认为，经济发展水平与环境规制之间存在较强的相关性，因而采用国内生产总值（GDP）替代环境规制。随后，陆旸（2009）充分借鉴达斯古普塔等（Dasgupta et al.，2001）的研究经验，采用人均国民收入水平（GNI）替代环境规制指标。宋文飞等（2014）利用国内生产总值与能源消耗的比值衡量了我国33个工业行业环境规制强度。

二、高质量发展：概念、测度与路径

（一）高质量发展的概念

发展是一个历久弥新的时代主题。学术界关于发展的主题展开了深入研究，从"经济增长与经济发展"混为一谈，到"经济增长质量与经济发展质量"区别对待，再到对"经济发展质量与经济高质量发展"的不懈探索，无疑有助于人们对"什么是高质量发展"以及"如何实现高质量发展"产生更加深刻的认知。众所周知，传统的发展经济学致力于研究社会生产力相对落后、供给不充分、经济不发达的发展中国家的经济增长问题。但是，关于生产力水平显著提高、供给相对过剩、经济比较发达的中等偏上收入国家如何加快经济发展、避免陷入"中等收入陷阱"的研究很少。进入新时代，我国社会主要矛盾已发生深刻转变，发展不平衡不充分的矛盾日益凸显，如何化解当前我国社会主要矛盾，推进经济高质量发展，是一个新的历史发展课题。

党的十九大报告指出，"我国经济已由高速增长阶段转向高质量发展阶段"，这是基于全球经济形势和国内经济发展新常态做出的重大判断，是中国特色社会主义迈入新时代的重要标志，也是新常态下我国经济发展的基本特征。高质量发展是中国特色社会主义经济发展理论的重大创新，开辟了经济高质量发展的新视界，进一步丰富和拓展了发展经济学理论。近几年，学术界掀起了高质量发展理论的研究热潮，从不同角度对高质量发展的概念进行了深刻阐述。根据国内学者已有的研究成果，本节从以下三个方面进行论述。

1. 基于新发展理念

高质量发展的本质是一种新的发展理念，是以质量和效益为价值取向的发展（田秋生，2018），是落实创新、协调、绿色、开放、共享新发展理念的发展。当前主流观点认为，高质量发展是能够满足人民日益增长的美好生活需要的发展，是体现新发展理念的发展，是创新成为第一动力、协调成为内生特点、绿色成为普遍状态、开放成为必由之路、共享成为根本目的的发展（杨伟民，2018）。由此可知，创新发展是解决高质量发展的动力问题，协调发展是解决高质量发展的不平衡问题，绿色发展是解决高质量发展的人与自然和谐问题，开放发展是解决高质量发展的内外联动问题，共享发展是解决高质量发展的公平正义问题（杨玉英，2019）。不仅如此，高质量发展是一种演化着的整体发展观，典型表现为经济系统、社会系统和制度系统的高度现代化及其演化结果，是一个不断创造新的发展条件的连续过程（高培勇等，2020），也是满足人民日益增长的美好生活需要为目标的高效、公平和绿色可持续的发展（张军扩等，2019）。

2. 基于数量和质量层面

高质量发展必须正确处理好经济增长数量和质量的关系，提高经济发展质量和效益。高质量发展并非只强调提升经济发展质量而不注重提高经济增长数量，而是必须坚持经济数量增长和质量提升的有机统一。要数量增长不能没有质量提升，要质量提升也不能缺少数量增长，既不要没有质量提升的数量增长，也不要没有数量增长的质量提升（田秋生，2018）。实质上，高质量发展是经济总量增长达到一定规模，经济结构优化、新旧动能转化、人与自然和谐、生活水平提高、自由开放共享的结果。所以，高质量发展不仅意味着创造更多的物质财富和精神财富，还表现在经济结构和产业结构升级、生态环境和资源环境改善等更高层次的经济发展质量。因此，经济增长数量是高质量发展的物质基础，经济发展质量是高质量发展的价值取向，高质量发展是经济增长数量和质量的有机统一。

3. 基于商品的二重属性

马克思的商品二重属性认为商品具有使用价值和交换价值，是使用价值与价值的有机统一。然而，在货币固定地充当一般等价物的市场经济中，商品的二重属性却被分裂成对立的两极，即具有使用价值的商品和交换价值的货币。改革开放初期，我国经济高速增长旨在解决"落后的社会生产"问题，强调经济在规模和数量上高速增长，以满足人们对物质财富的追求，却淡化了对经济发展质量的追求。中国特色社会主义进入新时代，高质量发展强调经济发展从侧重于"有没有""快不快"转向侧重于"好不好"，从"旧动能"转向"新动能"，从"量的积累"转向"质的提升"（王永昌和尹江燕，2019）。显而易见，高质量发展是经济增长达到一定阶段的基础上更高质态的发展（张涛，2020），是能够更好满足人民不断增长的物质需求和生态需要的经济发展方式、结构和动力的状态（金碚，2018）。

（二）高质量发展的测度

学术界对高质量发展测度的探索，犹如对高质量发展概念的界定一样，都经历了一个过程。关于高质量发展指标的度量，先后经历了从经济增长质量到经济发展质量，再到高质量发展的测度。纵观整个过程，不难发现，经济发展指标的边界不断向外延拓展，涉及范围更广泛、更全面。基于此，本节将从以下三个方面概述高质量发展的测度。

1. 经济增长质量测度

高质量发展指标测度可追溯到对经济增长质量测度的研究。目前，国内外学者对经济增长质量测度的探讨颇多，取得了一定的研究成果。苏联经济学家卡马耶夫（1983）将经济增长质量狭义地视为经济增长效率，用全要素生产率衡量经济增长质量。严格说来，提升经济增长质量的关键是实现资源有效配置，而提高全要素生产率也无法保证资源有效配置。由此看来，以全要素生产率替代经济增长质量指标有失偏颇（郑玉歆，2007）。巴罗（Barro，2002）提出，经济增长质量包含生育率、预期寿命、环境条件、收入公平性和法治化程度等，是一个综合性指标，仅仅采用单一指标难以有效且准确衡量。正如冷崇总（2008）所述，任何单一指标都无法对经济增长质量做出全面而准确的评价。此后，学者们习惯地利用多重指标对经济增长质量进行综合评价。钞小静等（2009，2011）两篇论文均采用经济增长的结构、经济增长的稳定性、经济增长的福利变化与成果分配、资源利用与生态环境代价4个一级指标、11个分项指标和28个基础指标构建经济增长质量指标体系。詹新宇等（2016）和张小依（2018）从经济增长质量的5个方面对我国经济增长质量指标进行了量化评价。师博和任保平（2018）从经济增长的基本面和社会成果两个维度选取指标，对经济增长质量进行了量化测算。其中，基本面分解为增长强度、稳定性、合理化、外向型4个方面，社会成果分解为人力资本和生态资本2个方面。魏敏和李书昊（2018）从动力机制转变、经济结构优化、开放稳定共享、生态环境和谐、人民生活美好5个方面构建了新常态下我国经济增长质量评价指标体系。

2. 经济发展质量测度

与经济增长质量相比，经济发展质量更侧重于发展的质量和效率。因此，经济发展质量直接关系到我国高质量发展的推进过程。近年来，学术界逐渐将关注焦点从经济增长质量转向经济发展质量，并就如何测度经济发展质量进行了深入探讨，也取得了丰硕的研究成果。王德利和王岩（2015）构建了由经济效率、经济影响力、经济福利、经济发展代价4类指标构成的城市经济发展质量综合评价指标体系，对北京市1990~2003年经济发展质量进行了测度。张红（2015）从经济发展有效性、协调性、分享性、创新性、持续性5个维度构建经济发展质量指标体系，并测算了2006~2013年长江经济带九省二市的经济发展质量。许永兵等（2019）以河北省为例，利用创新驱动、结构优化、经济稳定、经济活力、民生改善、生态友好6个一级指标和24个二级指标构建了区域经济发展质量综合评价指标体系，并利用2005~2016年经济运行数据进行了测算。伍凤兰（2014）以深圳市为例，构建了包括经济效益、社会效益和生态效益三个准则层的经济发展质量综合评价指标体系，利用2005~2011年深圳市经济数据进行了测算。徐志向和丁任重（2019）选取了经济增长总量以及创新、协调、绿色、开放、共享5个一级指标、11个二级指标衡量经济发展质量，重构了我国省级经济发展质量指标。

3. 高质量发展综合指数测度

全面综合构建高质量发展综合评价指标体系，科学准确地测度高质量发展综合指数，对当前和今后一个时期确定发展思路、制定经济政策具有十分重要的现实意义。经济发展质量是经济增长总量到一定程度，经济发展效率提升、结构优化、分配公平、区域协调以及创新能力更高的结果（任保平，2012），缺少经济增长数量的物质基础，经济发展质量就是空中楼阁。可以说，高质量发展是经济发展由量变到质变的演变过程，既有经济增长"量"的积累，也有经济发展"质"的提升，是质和量的辩证统一，也是经济发展的必然规律。因此，构建高质量发展综合评价指标体系应从多角度、宽领域、深层次等多方面选取衡量经济高质量发展的各项指标，以全面、真实、准确地反映经济增长的"质"和"量"。师博和张冰瑶（2019）基于新发展理念，从发展的基本面、社会成果和生态成果3个维度着手，选取9个替代指标，测算了2004～2015年全国地级以上城市经济高质量发展水平。赵德友等（2018）从收入与劳动产出水平、创新发展、协调发展、绿色发展、开放发展和共享发展6个维度中选取了24项指标，通过构建高质量发展综合评价指数模型，测度了2000～2017年我国省级高质量发展综合评价指数，实证检验了我国区域经济发展的不平衡性。魏敏和李书昊（2018）构建了包括经济结构优化、创新驱动发展、资源配置高效、市场机制完善、经济增长稳定、区域协调共享、产品服务优质、基础设施完善、生态文明建设和经济成果惠民10个子系统、53个指标的系统，测度了新时代我国经济高质量发展水平，分析了其空间分布规律。李子联和王爱民（2019）以创新、协调、绿色、开放和共享作为5个一级指标，选取了39个细化指标构建了江苏省高质量发展综合指标体系，并对指数进行横向与纵向比较评价。张震和刘雪梦（2019）利用经济发展动力、新型产业结构、交通信息基础设施、经济发展开放性、经济发展协调性、绿色发展和经济发展共享性7个一级指标和34个二级指标，对2016年我国副省级城市经济高质量发展水平进行了测算和研究。

（三）高质量发展的实践路径

实现高质量发展，要转变传统经济增长理念，将发展的重心置于提高经济发展的质量和效益，同时重视资源开发和利用、民生改善和保障、生态保护和修复，促进人与自然和谐发展。为此，探索新时代高质量发展的实践路径，不仅是推动高质量发展的必然要求，也是实现中华民族伟大复兴的必然之举。

1. 培育经济新动能

我国传统的经济增长方式是以高投入、高消耗、高污染为特征的要素驱动方式，必然会导致产出少、质量差、效益低的结果。进入新时代，传统粗放型经济增长方式面临着自然资源短缺、生态环境约束、人口红利消失等问题，缺乏稳定发展的持久动力，导致经济增长迟滞。在高质量发展新常态下，劳动与资源要素驱动的旧动能基本耗尽，表现出结构不合理、区域不协调、创新能力弱、生态环境差等特征，要素驱动和投资驱动的粗放型经济增长方式已难以为继，唯有积极适应降速调档、结构调整、动力转换等变化趋势，培育经济发展新动能，才能提升经济发展新动力，焕发经济发展新活力。

新时代、新动能、新经济是习近平新时代中国特色社会主义经济思想的基本特征，是贯彻创新、协调、绿色、开放、共享新发展理念的客观基础，培育新动能、发展新经济既是对新时期我国经济形势做出的正确判断，更是对马克思主义政治经济学与我国经济发展相结合的有益探索，是适应我国生产力发展的必然要求（师博和张冰瑶，2018）。中国特色社会主义进入新时代，必须深化经济体制改革，大力发展实体经济，培育经济发展新动能，创造经济增长新极核，以新动能发展新极核，以新极核引领新常态，加快实现经济发展方式从数量扩张型向质量提升型转变，全面推进高质量发展。

2. 加强创新能力建设

随着高质量发展进入新常态，以劳动投入和资源消耗为主的传统经济增长方式已难以适应新发展理念要求，必须转变经济发展方式，从要素和投资驱动方式向创新驱动方式转变，发挥技术创新的支撑和引领作用，提高企业核心竞争力，提升经济发展质量。

在中国特色社会主义新时代，发展新经济的关键在于加强创新能力建设，发挥技术创新先发优势，依靠理论创新、制度创新和科技创新，增强新经济增长的内生动力。一方面，加强人力资本积累，产生人才集聚效应和知识溢出效应，从"模仿＋改进"的技术追随战略转向"创新＋突破"的技术引领战略，提高企业核心科技竞争力。另一方面，加快服务业和制造业转型升级，由一般性生活和生产服务业转型升级为知识消费型和技术指导型服务业（陈昌兵，2018），由代工生产的低端制造业升级为自主研发的高端智造业，以创新驱动改革，以改革驱动发展，加快经济增长新旧动能转换，增强经济增长内生动力，打造转型发展与创新驱动"双引擎"，释放经济新活力，提高全要素生产率，推动高质量发展。

3. 深化供给侧结构性改革

2012年来以来，我国经济增速明显放缓，表面上看是居民消费疲软、内需拉动不足等原因引起的。事实上，更深层次的原因是市场供给侧与消费需求侧的结构不合理，供需错位造成"市场失灵"。当前，全球科技与产业革命日新月异，供给体系调整步伐加快，必须深化供给侧结构性改革，将历史发展机遇转为经济发展驱动力，推动高质量发展。因此，推进供给侧结构性改革是适应我国经济发展新常态和实现高质量发展的必然要求。

深化供给侧结构性改革，应以提高供给体系质量作为重要抓手，推进供给侧结构性调整与优化，矫正要素配置扭曲。不断优化供给侧结构，提供与市场需求相吻合的产品，提高供给体系质量，切实解决供需错位矛盾。深化要素配置改革，完善市场资源配置，调节结构性过剩产能，扩大优质增量供给。同时，供给侧结构性改革也不能忽视需求侧的现实需要，通过提高对需求侧的认知，了解需求侧的变化，强化供给侧对需求侧变化的适应性和灵活性，更好地适应人民日益增长的美好生活需要，在更高层次上实现供给体系新的动态平衡。因此，实现高质量发展，必须以供给侧结构性改革为主线，调整与优化经济结构，破除无效供给，优化供需结构，提升供给体系质量。

4. 加强生态文明建设

加强生态文明建设，推动绿色可持续发展，是新时代高质量发展的题中之义。传统粗放型经济增长方式在特定的历史时期对我国经济高速增长发挥了尤为重要的作用，但同时也累积了大量的资源环境问题。近些年，各地区环境污染呈高发态势，部分地区环境污染已接近甚至超越了生态环境承载极限，环境污染已成为民生之患、民生之怨、民心之痛。正确处理好环境保护与经济发展的辩证统一关系，关系到我国高质量发展能否顺利实现。

环境保护和经济发展之间不是对立的，而是相辅相成、辩证统一的关系。经济发展不应对资源和环境竭泽而渔，保护环境也不应排斥经济发展而缘木求鱼。因为绿水青山本身就是金山银山，保护生态环境就是保护生产力，改善生态环境就是发展生产力。正确认识和处理环境保护与经济发展之间的关系，凸显生态文明建设在经济发展中的重要地位，牢固树立绿色发展新理念，倡导绿色可持续发展，拟定绿色发展的政策措施、体制机制和法律法规，建立绿色发展产业体系，重点扶持绿色低碳产业发展，使绿色发展成为普遍形态（林兆木，2018）。实践证明，唯有在生态文明建设的基础上推动经济发展，坚持生态优先、绿色发展，才能不断释放"生态红利"，最终实现环境保护与经济发展"共赢"的高质量发展。

5. 全面深化改革开放

全面深化改革开放，加快推动形成全面开放的新格局，是高质量发展的必由之路。我国改革开放历时 40 余年，产品和服务贸易领域对外开放已达到较高水平，集聚了巨大的产能规模和资本实力，为实施高质量对外开放奠定了良好的物质基础。我国已进入高质量发展新时代，应加快推动形成全面开放的新格局，积极鼓励"走出去"战略，以全球价值链分工为基础，构建新型国际贸易政策体系，推动我国企业向全球价值链中高端迈进，促进产业结构调整与优化。同时，也要实施"引进来"战略，放宽外商投资准入限制，实现引资、引技、引智相结合，充分发挥外商投资在科技创新上对我国经济发展的技术溢出效应。

新时代全面深化改革开放，构建对外开放新格局，要以"构建人类命运共同体"理念为指导原则，以"一带一路"建设为重点方向，以"共商共建共享"观念为最终目标，加快对发展中国家经济体开放，形成对发达国家经济体和发展中国家经济体并重、"东西双向互济"的开放新格局，形成"引进来"和"走出去"并重、贸易与投资并重、制造业与服务业并重、实体经济与金融开放并重、经济开放与参与全球治理并重的全面开放新格局，为我国高质量发展释放新动力，激发新活力（马玉荣，2018）。

6. 健全社会保障体系

发展的根本目的在于增进民生福祉，提高人民获得感和幸福感。归根结底，人民获得感和幸福感才是判断高质量发展实现与否的先决条件。健全社会保障体系，增进民生福祉，让人民享有更高质量的社会保障，既是高质量发展的逻辑起点，也是高质量发展的终极目标。中国特色社会主义进入新时代，我国社会主要矛盾已发生深刻转变，人民美好生活需要不仅对物质财富和精神财富提出了更高要求，而且在民主、法治、公平、正义、环境、安全等方面的要求也日益增长。由此可见，健全社会保障体系不仅要在幼有所育、学有所教、劳有所得、病有所医、老有所养、住有所居、弱有所扶上不断取得新进展，而且也必须清醒地认识到增进民生福祉的制约因素是发展不平衡不充分。因此，未来实现高质量发展理应在补齐民生短板上下功夫，更加注重社会公平正义，优先发展教育事业，提高就业质量和居民收入水平，让改革发展成果更多更公平地惠及人民大众，让人民切身享受到改革发展释放的经济红利，使人民的获得感、幸福感、安全感更加充实、更有保障、更可持续。

三、技术创新：概念与测度

（一）技术创新的概念

早在 1912 年，奥地利著名经济学家熊彼特在《经济发展理论》中首次明确了创新的概念，提出"创新是建立一种新的生产函数，将生产要素和生产条件重新组合应用到经济活动中"。熊彼特的创新理论包含五种情况：（1）生产新产品（产品创新）。（2）采用新生产方法或工艺流程（工艺创新）。（3）开辟新市场（市场创新）。（4）开拓新要素供应源（要素创新）。（5）采用新组织形式（组织创新）（熊彼特，1991）。直到 20 多年后，熊彼特在《商业周期》中对创新理论进行了系统全面地总结归纳，提出"创新是一个经济范畴，而非技术范畴，创新可分为技术创新和非技术创新"。随后，索罗（Solo，1951）在《资本化过程中的创新：对熊彼特理论的评论》

中指出，技术创新必须满足两个前提条件，即新思想来源和后阶段实现与发展。弗里曼（Freeman，1973）从经济学角度提出"技术创新是新产品、新过程、新系统、新设备等由技术向商业转化的过程"。曼斯菲尔德等（Mansfield et al.，1981）基于产品创新提出"技术创新是一项新发明的首次商业化应用"。20世纪80年代，缪尔赛（Mueser，1985）针对收集的300余篇关于技术创新的论文进行系统分析和总结归纳，概括出"技术创新是具备构思新颖性和成功实现等特征的一系列有意义的非连续事件"。

国内学者对技术创新研究起步相对较晚，但对技术创新的定义也有独特见解。项保华和许庆瑞（1989）认为技术创新是新思想从形成到利用，并生产满足市场需要的产品或服务的过程，体现了创新成果推广、扩散和应用的过程。傅家骥等（1998）提出，技术创新是技术、组织、商业和金融于一体综合经营的过程，即企业家利用市场潜在机会，对生产要素和生产条件进行重新组织，以建立效能更强、效率更高、费用更低的生产运作体系，获取商业利益，主要包括研发新产品、开辟新市场、采用新工艺、获取新要素和构建新组织等。董景荣和周洪力（2007）提出，技术创新是经济、技术、管理等要素结合与统一的过程，同时具有经济、技术和管理的特征。1999年8月20日，中共中央、国务院颁发《关于加强技术创新，发展高科技、实现产业化的决定》对技术创新的概念进行了权威解读，定义"技术创新是指企业应用创新的知识和新技术、新工艺，采用新的生产方式和经营管理模式，提高产品质量，开发生产新的产品，提供新的服务，占据市场并实现市场价值"。

基于国内外学者对技术创新概念的论述，本书将技术创新的概念界定为"技术创新是将技术与经济融于一体，使技术服务经济，经济推动技术，实现技术与经济有机结合以及相互转化的过程"。技术创新是以市场需求为价值取向，激发新创意、采用新工艺、研发新产品、开辟新市场，最终获取超额经济利润为目的的实现过程。技术创新的内涵特征主要体现在以下四个方面：（1）技术创新是一个系统过程。以发现市场需求为技术创新的出发点，通过要素创新、市场创新、组织创新和产品创新，最终实现技术创新的系统过程。（2）技术创新是实现自我突破的过程。以否定之否定的方式对现有技术进行更新与拓展，直至实现技术创新的过程。（3）技术创新以经济利益为导向。技术创新的目的是建立效率更高、效能更强、费用更低的生产运作体系,以获取超额经济利润。(4)技术创新的主体是企业。企业是技术创新的主体,为技术创新提供人、财、物等要素保障,创新人才是技术创新的动力源泉,创新资本是技术创新的物质保障,创新设备是技术创新的基础支撑。

(二)技术创新的测度

与前面对技术创新的概念界定类似,国内外学者对技术创新的度量指标也进行了有益探索,但迄今为止仍未形成统一的指标体系。技术创新的实现途径非常广泛,而且方式各异。所以,技术创新的评价指标因类别不同而存异。德国通常采用技术创新投入占企业销售额的比重衡量技术创新水平。国家统计局通常以研发经费投入、科技人员、科研成果、技术转让收入、新产品销售收入以及新产品出口值等指标为基础,构建了技术创新综合评价指标体系(王海威等,2005)。尽管国内外学者们对技术创新评价指标构建与测度的方法不尽相同,但总体上基本围绕三个方面。

1. 技术创新投入

通常,技术创新水平在一定程度上取决于技术创新投入的程度。创新资金投入和创新人员数量越大,代表企业技术创新能力越强(蒋伏心等,2013)。研究与开发(R&D)经费投入是技术创新的重要资金来源,也是衡量技术创新的重要指标之一。研究与开发经费投入是技术创新活动的物质基础,若要迅速提高技术创新水平,就必须投入大量的创新资金作为保障(赵红,2008)。不仅如此,研究与开发人员数量也常被用作衡量技术创新的替代指标,科技活动从业人员是技术创新的动力源泉,是开展科技创新活动的中坚力量,也是衡量技术创新能力和技术进步水平的重要指标。江珂和卢现祥(2011)利用科技活动人员数和科技活动经费内部支出衡量技术创新水平。因此,研究与开发经费投入和科技活动人员数量常被作为技术创新投入的替代指标,衡量企业技术创新能力。

2. 技术创新产出

技术创新产出通常包括专利数量和创新收益。因创新收益指标难以界定,而且数据不易获取。所以,专利数量作为技术创新产出指标常用于衡量技术创新能力。专利是技术创新的直接产出，也是国际上通用技术创新产出的衡量替代指标，早已被国内外学者广泛认同。施慕克勒（Schmookler，1962）利用 1836～1957 年美国 4 个行业专利申请量衡量技术创新，他也是最早采用专利指标衡量技术创新能力的学者之一。然而，利用专利数量作为技术创新产出指标衡量技术创新，目前学术界仍存在较大的分歧。一方面，部分技术创新并未申请专利，导致专利申请量低估了技术创新水平。另一方面，不同的技术专利、创新成果的经济收益也存在较大差异（沈能和刘凤朝，2012）。尽管专利数量作为技术创新产出指标衡量技术创新还存在些许争议，但迫于难以找到更合适的替代指标，所以，仍有学者采用专利数量作为技术创新的替代指标用于研究技术创新与经济增长的关系（Groshby，2000）。阿伦戴尔（Arundel，2001）通过研究也证明了专利数量作为技术创新的替代指标在相关研究中发挥了重要作用。因此，专利数量也成为国内学者衡量技术创新的通用指标。国内学者一般采用专利申请量（刘伟和薛景，2015；涂红星和肖序，2014）或专利授权量（张平等，2016；沈能和刘凤朝，2012）衡量技术创新能力。考虑到专利申请与授权之间还存在一个滞后时间（赵红，2008），因此，相比专利申请量而言，专利授权量能更真实地反映技术创新能力，这也正是国内学者多数采用专利授权量衡量技术创新能力的重要原因。

3. 综合评价指标体系

创新活动是一项复杂的系统工程，不仅与创新人员数量、创新资金、创新设备等要素投入息息相关，而且还与成果转化能力、创新环境、创新能力以及管理能力有关。刘跃等（2016）以创新技术、创新环境和创新经济作为基础，选取技术创新投入能力、支撑能力和扩散能力 3 个子系统和 25 个量化指标，构建了区域技术创新能力评价指标体系。郭凯和付浩（2019）通过技术创新产出、技术进步、技术创新投入、技术创新支撑和技术市场情况 5 个维度构建了技术创新评价指标体系。因此，全方位、多角度选取量化指标构建技术创新综合评价指标体系，不仅能更真实地反映技术创新能力，而且也提高了结果的可靠性和可信度。但是，由于量化指标数据不易获取，导致现有研究中采用综合评价指标的研究成果相对较少。

四、环境规制与高质量发展的相关文献综述

改革开放以来，我国经济保持稳定高速增长，创造了丰富的物质财富和精神财富，极大地满足了人们物质需求和精神追求，但快速的经济增长也导致了生态环境急剧恶化。研究显示，环境污染问题已严重影响了地区经济发展和人们日常生活，甚至危害了人们身体健康，降低了居民幸福感（石华平和易敏利，2020b）。随着经济社会不断发展，环境保护与经济增长的矛盾愈演愈烈。经济高质量发展不仅要以经济增长数量为基础，而且更要以经济发展质量为支撑，二者缺一不可。然而，提升经济发展质量必须依靠政府这只"看得见的手"实施环境规制政策，遏制企业盲目追逐经济利益而破坏生态环境的行为，倒逼企业技术创新，提高全要素生产率。但是，环境规制能否同时兼顾经济增长数量和质量，推动高质量发展呢？上述问题是近年来学术界探究和讨论的热点话题，也成为不同利益方讨论的焦点问题之一。

高质量发展作为一种新的发展方式，始终坚持质量第一、效益优先，是经济增长数量和质量的有机统一。经济增长数量考察经济增长速度，而经济发展质量则更注重经济发展的优劣程度（任保平，2012）。环境规制以污染治理为导向，政府干预为手段，通过约束微观经济主体行为，减少污染排放，改善环境质量。但是，环境规制又不可避免地增加了企业生产成本，降低了要素效率和经济绩效。不难发现，环境规制对高质量发展存在双重影响，一方面，环境规制有助于促进企业绿色技术创新，提升经济发展质量。另一方面，环境规制遵循成本降低了企业经济绩效，抑制经济增长数量。所以，环境规制对高质量发展的影响实际上取决于环境规制对经济增长数量的抑制作用与对经济发展质量的促进作用孰重孰轻。

（一）环境规制对经济增长数量的抑制作用

环境规制对经济增长数量的影响关系，实质上是学术界长期关注的环境规制与经济增长的"遵循成本学说"观点。基于新古典经济理论的传统学派认为，环境规制将污染负外部性成本内在化而增加企业生产成本，迫使企业改变最优生产决策，降低市场竞争力，抑制经济增长数量（Gray，1987；

Gollop and Roberts，1983；Jorgenson et al.，1990）。戈洛普和罗伯茨（Gol-
lop and Roberts，1983）分析了1973~1979年美国限制二氧化硫排放的环境
政策对电力行业经济增长率的影响。结果表明，环境规制使发电成本显著增
加，导致电力行业经济增长率平均降低了0.59个百分点。乔根森等（Jor-
genson et al.，1990）通过美国1973~1985年时间序列数据研究了环境规制
对经济增长数量的影响。研究发现，环境规制使经济增长率下降了0.19%。
康拉德和瓦斯特（Conrad and Wastl，1995）利用1975~1991年德国10个污
染密集型行业数据研究环境规制对资本投入的直接影响。研究发现，部分物
质资本和治污资本投入作为环境规制遵循成本，难以实现增产增收，主要原
因是治污资本投入挤占了企业生产成本，降低了全要素生产率，抑制了经济
增长数量。黄清煌和高明（2016）利用2001~2013年我国省级面板数据，
从经济增长数量和质量视角研究环境规制对经济增长的影响。研究发现，环
境规制对经济增长数量具有抑制作用。王群勇和陆凤芝（2018）也得到了
相同的结论。赵霄伟（2014）运用空间Dubin模型分析环境规制对工业经
济增长数量的关系，研究表明环境规制抑制了地区工业经济数量增长，且存
在明显的区域特征。张林娇（2015）利用2009~2013年我国省级面板数
据，研究发现新常态下环境规制对经济增长数量的影响显著为负，且存在区
域异质性。针对不同类型环境规制对经济增长数量的影响，学者们也进行了
相关研究，原毅军和谢荣辉（2016）将环境规制分为费用型和投资型，讨
论不同类型环境规制对我国工业绿色生产率的影响。研究发现，投资型环境
规制与工业绿色生产率之间存在显著的负向关系，抑制经济增长数量。

（二）环境规制对经济发展质量的促进作用

环境污染已成为制约我国经济高质量发展的瓶颈，强化环境治理是减少
污染排放、促进绿色发展的必然选择，也是大势所趋。"波特假说"指出，
在动态竞争条件下，适当的环境规制可以提高企业技术创新的积极性，提高
全要素生产率，提升经济发展质量（Porter，1991）。

现有研究关于环境规制对经济发展质量影响的研究进行了有益探索。泰
尔和拉尔森（Telle and Larsson，2007）探寻企业污染减排（环境规制）与
全要素生产率的影响，研究发现，环境规制对绿色全要素生产率的影响显著
为正，表明环境规制能显著提升经济发展质量。伯曼和布依（Berman and

Bui，2001）以美国1979~1992年炼油厂作为研究对象，通过对比判断环境规制对企业全要素生产率是否产生影响。研究发现，相比不受环境规制约束的企业，受环境规制约束的企业全要素生产率不降反升，表明环境规制不仅有助于促进企业绿色发展，减少污染排放，还能提高全要素生产率。浜本光绍（Hamamoto，2006）考察了日本环境规制对全要素生产率的影响，分析认为，严格的环境规制会激励企业增加创新投入，提高企业全要素生产率，提升经济发展质量。杨等（Yang et al.，2012）利用1997~2003年台湾地区工业行业面板数据，研究发现，污染治理支出（环境规制）与创新投入正相关，环境规制激励企业增加创新投入，提高全要素生产率。黄清煌和高明（2016）通过分区域研究显示，环境规制与经济发展质量存在明显的区域异质性。其中，东部、西部地区环境规制提升经济发展质量，而中部地区环境规制对经济发展质量却产生抑制作用。然而，也有研究显示环境规制对中部、西部地区经济发展质量影响显著，对东部地区影响相对较弱，总体上仍表现出显著的正向作用（王群勇和陆凤芝，2018）。何兴邦（2018）通过构建一个涵盖经济发展效率等六个方面的经济发展质量综合评价体系，研究发现环境规制对提升经济发展质量具有显著的促进作用。黄庆华等（2018）关于环境规制时效性的研究发现，短期环境规制既能提高绿色全要素生产率、补偿减排成本，还能减少污染排放，但长期则不然。也有部分学者从环境规制的不同类型视角入手探讨。如冯志军等（2017）研究发现，不同类型环境规制对绿色经济发展的影响存在区域差异，行政型环境规制对绿色经济发展的影响显著为正，市场型和参与型的影响均不显著。孙玉阳等（2019）也进行了类似的研究，结果显示，行政命令型环境规制提升了经济发展质量，但市场激励型对经济发展质量却产生抑制作用，公众参与型则不显著，但总体上环境规制能显著提升经济发展质量。陈诗一和陈登科（2018）考察了雾霾污染对我国经济发展质量的影响，表明政府开展环境治理能有效降低雾霾污染，提升经济发展质量，助推我国经济高质量发展。

（三）环境规制对高质量发展的不确定性影响

通过文献梳理发现，短期内，环境规制对经济增长数量的抑制作用比对经济发展质量的促进作用更明显，整体上表现为抑制作用。从长期动态看，环境规制对经济发展质量的促进作用远高于其对经济增长数量的抑制作用，从而表现出显著的促进作用。因此，基于动态视角的框架，环境规制对经济增长数量和质量的影响可能存在不确定性，取决于促进与抑制作用谁占主导地位。倘若抑制作用占主导，环境规制不利于推动高质量发展。反之，则环境规制有助于推动高质量发展。

关于环境规制与高质量发展影响不确定性的研究也一直是学术界争论的焦点，研究成果丰硕。范庆泉和张同斌（2018）通过构建理论模型，模拟解出了拉姆齐—卡斯—库普曼模型鞍点路径上的均衡解。研究显示，仅以环境税作为环境规制政策对减排降耗的激励不足，环境污染难以有效控制，可能会产生倒 U 形的污染累积路径，污染负外部性会造成较高的社会福利损失，因而对经济发展质量的影响不确定。王群勇和陆凤芝（2018）借助门槛效应模型研究发现，环境规制低于门槛值时对经济发展质量的影响显著为正，超过门槛值后就不显著。同时，何兴邦（2018）也认为环境规制对经济发展质量的影响存在门槛效应，宽松的环境规制对经济发展质量影响不显著。当环境规制越过特定门槛值后，严格的环境规制对经济发展质量产生了显著的提升作用。韩晶等（2017）基于 2005～2014 年我国省级面板数据探讨了环境规制与区域绿色全要素生产率的关系。研究表明，环境规制对绿色全要素生产率的影响从遵循成本负效应过渡到创新补偿正效应，双重效应相互作用使环境规制对落后地区绿色全要素生产率的影响表现出 U 形曲线关系。原毅军和谢荣辉（2016）研究了不同类型环境规制与工业绿色生产率的影响，认为费用型环境规制与工业绿色生产率之间呈 U 形曲线关系。孙英杰和林春（2018）利用 2000～2015 年我国省级面板数据分析了环境规制对经济发展质量的影响，发现环境规制与经济发展质量之间呈倒 U 形曲线关系，且当前环境规制强度处于拐点左侧，适当提高环境规制强度有助于提升经济发展质量。

五、环境规制与技术创新的相关文献综述

党的十九大报告指出，要加快建设创新型国家，建立以企业为主体、市场为导向、产学研深度融合的技术创新体系，加强对中小企业创新的支持，促进科技成果转化。在高质量发展新常态下，创新是引领发展的第一动力，

是实施高质量发展战略的科技支撑。因此，政府应积极引导和激励企业自主创新。一般而言，政府在促进企业技术创新的过程中发挥着两种作用：一是引导作用，即政府通过资金扶持、税收优惠、人才引进等政策措施引导企业技术创新。二是激励作用，即政府通过环境保护税、污染防治法规、排污许可管理办法等政策措施激励企业技术创新。前者是政府直接引导企业技术创新，后者则是政府间接推动企业技术创新。从难易程度来看，政府更容易控制直接引导作用的效果，对间接推动作用的效果则不易控制，间接推动效果与政策措施松紧程度有关，过于宽松或严格的环境政策都不利于激励企业技术创新，唯有适度的环境政策才能对企业技术创新产生显著的促进作用。国内外学者关于环境规制对技术创新影响的研究成果颇丰，但研究结论仍未达成一致。争议的焦点在于，环境规制对技术创新的影响是抑制、促进或是不确定，至今尚无定论。基于此，本节将从三方面展开综述。

（一） 环境规制对技术创新的抑制作用

基于完全理性假设和静态视角的传统学派认为，为了纠正"市场失灵"，环境规制政策将污染负外部性成本内在化，增加了企业生产成本，抑制了技术创新。罗兹（Rhoades，1985）认为，严格的环境规制政策强制命令企业强化污染治理，减少了污染排放，降低了企业生产率，抑制了技术创新。格雷（Gray，1987）对 1958～1978 年美国 450 个制造业企业数据进行研究，发现环境规制使制造业企业生产率下降了约 30%，表明环境规制降低了企业生产率，从而抑制技术创新。随后，格雷和沙德贝吉安（Gray and Shadbegian，1995）利用 1979～1990 年美国造纸、石油和钢铁行业相关数据，研究环境规制与污染治理支出和行业生产率之间的影响，结果再次表明环境规制不仅提高了行业污染治理成本，而且还降低了行业生产率，抑制了技术创新。克罗珀和奥特斯（Cropper and Oates，1992）分析认为，在生产技术、资源配置和市场需求都固定的前提下，企业生产决策已达到最优。若在此基础上施加环境规制政策约束，必然会引起生产成本增加，阻碍企业技术创新。雅夫等（Jaffe et al.，1995）从企业成本角度研究发现，环境规制极大地提高了企业直接和间接成本，降低了企业市场竞争力，抑制了技术创新。谢垩（2008）利用 1998～2004 年我国 31 个省份数据对环境规制与工业生产率的关系进行了研究，发现环境规制通过减少污染排放，使技术进步下降，降低了工业生产率，但增加污染治理投资对技术进步影响不显著。王文普和印梅（2015）分析了环境规制对创新投入影响的微观机制，实证检验发现环境规制对创新投入的影响存在显著负相关。

因此，传统学派抑制论从两个方面展开论证：一方面，环境规制增加了企业污染治理投入，对技术创新投入产生了资金挤出效应，抑制技术创新。另一方面，环境规制政策等同于在企业生产预算线上施加新的约束条件，束缚了企业生产经营活动，增加了企业生产成本，阻碍了企业技术创新（赵细康，2006；郭红燕和刘民权，2010）。

（二）环境规制对技术创新的促进作用

基于动态视角的创新学派认为，长期看，严格且适当的环境规制虽然增加了企业生产成本，但也对企业技术创新产生了激励作用。该结论最早由波特提出，后被称为"波特假说"（Porter Hypothesis）。波特认为，严格且适当的环境规制不仅对环境绩效等社会公共福利产生正外部性，而且对企业自身也能产生积极的外部性影响（Porter，1991；Porter and Van der Linde，1995）。适当的环境规制激励企业技术创新，提高企业生产率，技术创新产生的创新补偿效应弥补甚至超过环境规制的遵循成本效应，实现环境规制与技术创新的帕累托改进，最终达到经济绩效和环境绩效"双赢"状态（殷宝庆，2013）。

为了验证"波特假说"的可靠性，国外学者进行了大量的理论探讨和实证检验。如辛普森和布拉德福德（Simpson and Bradford，1996）和帕尔默等（Palmer et al.，1997）在该领域进行了大量的有益探索。谢帕帕迪斯和齐乌（Xepapadeas and Zeeuw，1999）通过构建 X－Z 模型对"波特假说"进行了更深层次研究，该模型假设新机器比旧机器技术更先进、生产率更高，在此假设基础上将机器设备使用年限作为技术水平的替代指标，以环境税替代环境规制指标。研究认为，环境税激励企业更新设备产生技术进步效应，减少污染排放，提高企业经济绩效和环境绩效。该研究表明严格的环境规制不仅能促进企业技术创新，还能减少污染排放。随后，莫尔（Mohr，2002）在谢帕帕迪斯和齐乌（Xepapadeas and Zeeuw，1999）的基础上增加了两个假设条件：一是假定新技术比旧技术更加清洁和高效，且在市场上容易获得；二是假定企业生产具有规模经济正外部性。研究发现，实施环境规制不仅能减少污染排放，还能提高企业生产率，进一步验证了"波特假说"。雅夫和帕尔默（Jaffe and Palmer，1997）利用1975～1991年美国制造业数据，考察了环境规制对R&D支出和专利申请量的影响，研究表明环境规制滞后项对R&D投入具有显著的正向激励作用，促进企业技术创新。随后，布伦纳梅尔和科恩（Brunnermeier and Cohen，2003）也对美国制造业进行了相关研究，通过追踪1983～1992年美国146个制造业企业数据，考察环境规制（污染减排压力）与环境创新之间的关系，研究发现环境规制与环境创新在较低的统计水平上存在显著正向相关。弗朗德尔等（Frondel et al.，2007）利用2003年7个OECD国家数据分析表明，严格的环境规制有助于促进企业绿色技术创新与污染末端治理。研究还指出，虽然绿色技术创新和污染末端治理都能有效降低环境污染，但绿色技术创新效果更加明显。

国内学者对"波特假说"检验与论证起步相对较晚，但也取得了丰富的研究成果。赵红（2008）利用1996～2004年我国行业面板数据，分析了环境规制对产业技术创新的影响。结果表明，中长期环境规制对技术创新具有显著的促进作用，验证了"波特假说"在我国存在的可行性。江珂和卢现祥（2011）利用1997～2007年数据分析了环境规制对三种技术创新能力（发明专利授权量、实用新型授权量、外观设计授权量）的影响。研究发现，环境规制与人力资本相结合对技术创新具有推动作用，且对东部、中部地区技术创新能力提升有显著的促进作用，对西部地区影响则不显著。王文普和陈斌（2013）运用2001～2009年我国省级环境专利面板数据，研究发现，总体上环境规制对绿色技术创新具有显著的促进作用，若建立一种长效机制将更有利于促进绿色技术创新。此外，国内学者还对不同类型的环境规制对技术创新的影响进行了研究。许士春等（2012）以排污税和排污许可证作为环境规制的替代变量，分析环境规制对绿色技术创新的影响。研究认为，不同类型的环境规制对企业绿色技术创新都呈正相关关系。李婉红（2013）进一步指出，命令控制型环境规制对企业末端治理技术创新具有显著的正向作用，市场激励型环境规制对企业绿色工艺创新和末端治理技术创新均有显著的正向作用。分区域研究显示，命令控制型、市场激励型环境规制对西部地区技术创新存在显著的促进作用，而且命令控制型比市场激励型环境规制对技术创新的促进作用更明显（王小宁和周晓唯，2014）。张倩（2015）利用2003～2011年数据实证分析了命令控制型和市场激励型环境规制政策对绿色技术创新的影响。结果发现，两种类型环境规制对绿色产品创新和绿色工艺创新都具有显著的促进作用。

（三）环境规制与技术创新呈非线性关系

非线性学派认为，环境规制与技术创新的关系并非是单调纯粹的线性关系，而是促进与抑制并存的非线性关系。布里切特和莫尼尔（Bréchet and Meunier，2014）研究指出，严格的环境规制对绿色技术创新的影响并非呈单调的线性关系。欧洲产业和就业联盟（UIECE）对欧洲14个国家超过2500个企业的调查发现，环境规制与技术创新之间存在促进和抑制的双重关系，且抑制作用占主导地位（张倩，2016a）。拉诺依等（Lanoie et al.，2008）对加拿大魁北克地区17个制造业行业生产率的研究中发现，环境规制对行业生产率的影响不确定。短期内，环境规制与行业生产率呈负相关，长期则表现为正相关。

国内学者更侧重于环境规制对技术创新影响的门槛效应研究，一些学者认为环境规制与技术创新之间呈U形曲线关系。如沈能和刘凤朝（2012）研究发现，环境规制对技术创新的影响呈U形曲线关系。李玲和陶峰（2012）利用1999~2009年我国28个制造业企业数据实证分析环境规制与绿色全要素生产率之间的关系，结果表明中度污染产业的环境规制与技术创新、绿色全要素生产率以及技术效率之间表现出U形曲线关系特征。张成等（2011）利用我国30个省份工业部门数据进行了分析，证实了环境规制与企业生产技术进步之间呈U形曲线关系。与该研究结论相同的还有刘伟和薛景（2015）、张娟等（2019）、蒋伏心等（2013）。除此以外，还有一些学者研究认为环境规制与技术创新之间呈倒U形曲线关系。如彭文斌等（2017）研究发现，非正式环境规制与绿色创新效率之间存在倒U形曲线关系。陶长琪和琚泽霞（2016）将技术创新分解为技术开发和技术转化两个阶段，利用1995~2011年我国29个省份数据研究发现，环境规制与技术开发之间呈倒U形曲线关系。

不仅如此，一些学者从门槛效应方面进一步研究还发现，环境规制对技术创新的影响存在两个门槛值，即环境规制与技术创新之间存在倒N形曲线关系。如王杰和刘斌（2014）对1998~2011年我国工业企业数据进行分析，发现环境规制与企业全要素生产率之间呈倒N形曲线关系。张倩

（2016a）分析也发现，环境规制对技术创新的直接影响呈倒 N 形非线性关系，大部分地区处于曲线左侧下降阶段。石华平和易敏利（2019）利用 2006～2015 年我国 35 个工业行业面板数据，运用线性和非线性模型分析环境规制对技术创新的影响，结果表明环境规制与技术创新之间呈倒 N 形曲线特征，且存在显著的双门槛效应。

六、技术创新与高质量发展的相关文献综述

技术创新是高质量发展的不竭动力源泉，是实现经济社会可持续发展的关键因素。中国特色社会主义进入新时代，我国经济已由高速增长阶段转向高质量发展阶段，正处在转变发展方式、优化经济结构、转换增长动力的攻关期，建设现代化经济体系，关键在改革，核心在创新。推进高质量发展，必须要坚持以供给侧结构性改革为主线，以技术创新为核心，加快推进科技创新、文化创新、管理创新和制度创新，提高资源要素效率，提升经济发展质量。

（一）技术创新与高质量发展的内在逻辑

探寻经济增长的实现途径是经济学界长期关注的焦点之一。当前，经济增长方式的主流观点主要有两种：一是基于古典经济增长理论观点，以增加资源、资本和劳动等要素投入促进经济增长，属于资源密集型粗放的经济增长方式。在工业化初期，该方式对我国经济高速增长发挥了极其重要的作用，但进入工业化中后期，我国经济总量不断增大，社会需求日益复杂，消费供需结构失衡，传统的资源密集型经济增长方式已难以为继，必须转变经济发展方式，才能实现经济社会可持续发展。二是基于新古典经济增长理论观点，在资源、资本和劳动等要素投入不变的前提下，通过技术创新提高全要素生产率，增加企业经济绩效和环境绩效等社会福利，属于技术密集型集约的经济发展方式。第一种方式以经济增长数量作为唯一目标，第二种方式同时兼顾经济数量增长和质量，更侧重于经济发展质量。

高质量发展不仅要经济数量增长的规模扩张，更要经济发展质量的效率提升，是经济增长数量和质量的有机统一。实施创新驱动战略，有助于淘汰

落后产能、改造传统产业、发展新兴产业，促进经济结构向更高层次、更合理化的方向发展。因此，技术创新是提升经济发展质量的重要途径，为高质量发展提供了良好的物质载体（程开明，2009）。在高质量发展新常态下，技术创新作为一种技术手段，通过提高技术效率，提高经济增长数量和质量，实现高质量发展。反过来，高质量发展又为技术创新提供了物质基础和人才保证，激励企业技术创新。因此，技术创新与高质量发展的内在逻辑是相互促进、辩证统一的。

（二）技术创新在高质量发展中的中介作用

自美国经济学家熊彼特在1912年首次提出"创新"概念以来，关于技术创新与经济增长的相关研究受到国内外经济学者高度关注。关于技术创新在推进高质量发展中的作用，学者们研究的侧重点不尽相同，国外学者倾向于理论研究，国内学者则更倾向于实证分析。索洛（Solow，1957）将技术进步引入生产函数中，开创了新古典经济增长理论研究的先河，将经济增长中除资本和劳动要素贡献以外的其他贡献均视为"索洛残值"，并将该残值归结为技术进步的贡献，从而奠定了技术创新与经济增长研究的理论基础。随后，阿罗（Arrow，1962）将技术创新作为内生变量构建内生经济增长模型，从内生技术进步视角阐释了技术创新促进经济增长的内在逻辑。罗默（Romer，1986）和卢卡斯（Lucas，1988）又将人力资本引入内生经济增长模型并指出，人力资本积累引起内生技术进步，促进经济增长，是经济持续增长的动力源泉。国内学者柳卸林（1993）和傅家骥（1998）也从理论角度分析了技术创新对经济增长的促进作用。

关于技术创新在经济增长中发挥的作用，一些学者将技术创新作为中介变量，实证检验技术创新在经济增长中发挥的中介作用。如程开明（2009）、江炎骏和赵永亮（2014）将技术创新作为中介变量，研究发现技术创新对经济增长具有正向促进作用。朱勇和张宗益（2005）利用2000～2003年区域微观经济数据研究了我国八大经济区的技术创新对经济增长的影响差异。研究显示，技术创新均能显著促进区域经济发展，欠发达地区技术创新对经济增长的贡献度低于发达地区。张耿庆（2007）、赵树宽等（2012）运用协整理论和Granger因果关系检验技术创新与经济增长的长期动态均衡关系。结果表明，技术创新是经济增长的不竭动力源泉。

以上主要从经济增长数量层面上简要归纳了技术创新在经济增长中发挥的作用。从经济发展质量层面上，技术创新在经济发展中如何发挥作用，近年来受到国内经济学者们高度关注。郭凯和付浩（2019）利用2000～2016年样本数据对我国经济发展质量进行了测度和研究，发现技术创新对提升经济发展质量的贡献最大，且作用效果显著。李冻菊（2013）和史自立（2013）从创新能力和创新投入角度研究发现，短期内创新制度能力对提升经济发展质量具有显著效果，长期的创新资金投入能显著提升经济发展质量。肖明月和杨君（2015）分别从要素质量、要素配置效率和技术创新三个方面解释了经济发展质量，研究发现提高要素质量是提升经济发展质量的有效途径，技术创新对提升经济发展质量具有显著的正向作用。刘跃等（2016）利用空间计量经济模型分析了区域技术创新与经济发展质量的关系，研究发现区域技术创新能力和经济发展质量在空间上存在显著的依赖性，且空间集聚效应明显。不仅如此，还有研究指出，技术创新对日本经济发展的促进作用也存在明显的地区差异，在经济发达地区、中部及中部以东地区的驱动效果更显著（邓美薇和张季风，2018）。

综上所述，技术创新在经济增长数量和质量中都发挥了中介作用，且均表现出显著的促进作用。因此，未来我国推动高质量发展的基本路径在于加快产业结构调整，改善产品供给；发展创新型经济，改善技术供给；加强资源管理，改善要素供给；推动制度创新，改善制度供给（任保平和魏婕，2012）。

七、文献述评

关于环境规制、技术创新、高质量发展的影响研究是国内外学术界重点关注的热点问题，先前学者们围绕环境规制与技术创新、环境规制与高质量发展以及技术创新与高质量发展的关系进行了有益探索，丰富的理论基础和实证结论为本书开展后续研究工作打下了扎实基础。经过文献梳理后发现，围绕本书主题的学术成果仍存在或尚未较好解决的问题主要存在以下四个方面：

第一，高质量发展是经济增长数量和质量的有机统一，涵盖了经济发展、社会公平、生态环境、民生保障等多个维度。然而，高质量发展的相关研究仍采用单一指标替代衡量高质量发展综合指标，难以全面、准确、有效地衡量高质量发展水平，从而导致研究结论缺乏可信度，政策建议缺乏针对性。利用多维度构建高质量发展综合评价指标体系，准确测算高质量发展指标，将其用于实证分析中的研究尚不多见，尤其是关于环境治理方面则涉及更少。

第二，关于高质量发展空间相关性的研究尚不多见，且已有研究绝大部分以定性分析为主，定量分析较少，并且从环境规制视角定量分析高质量发展空间相关性的研究极其少见。

第三，环境规制与技术创新呈倒 N 形曲线关系的数理模型尚属空白，也尚未提出完整的理论分析框架，不同强度的环境规制对技术创新影响的论述还不够充分，环境规制对技术创新影响的作用机理仍有待进一步深化。

第四，中国特色社会主义进入新时代，牢牢把握高质量发展重要战略机遇期，选择合适的环境政策工具以及适当的环境政策强度，促进企业技术创新，对于推动经济高质量发展具有重要的现实意义。目前，如何充分发挥环境规制对经济高质量发展的激励机制，尚未形成一套科学的、合理的评价体系，有待进一步完善与补充。

因此，本书首先利用多维度构建高质量发展综合评价指标体系，并测算高质量发展综合评价指数，将其作为高质量发展指标从全国和地区层面分别考察环境规制对高质量发展影响的空间相关性。其次，构建了一个环境规制与技术创新呈倒 N 形曲线关系的数理模型，并对二者的影响机理进行深入分析。在此基础上，探寻环境保护与技术创新"双赢"的帕累托最优区域。最后，探讨技术创新在环境规制对高质量发展影响中的中介驱动效应，为环境规制激励企业技术创新、调整与优化经济结构、转变经济发展方式、推动高质量发展提出可行性政策建议。

第三章

高质量发展影响机制分析
——基于环境规制与技术创新的逻辑关系思考

一、高质量发展理论演进过程

高质量发展理论是当代经济发展史上的重大理论创新，其形成与发展是经济增长理论不断演进的结果，也是科学发展观内涵的一次升华，凝聚了习近平新时代中国特色社会主义经济思想的核心内容。众所周知，高质量发展是经济增长达到一定阶段后，从经济增长数量转向经济质量提升的更高质量、更高层次的经济发展。所以，从高速增长阶段转向高质量发展阶段是我国经济发展历史进程中的一个必然阶段。因此，本节从经济增长理论入手，梳理高质量发展理论的历史演变进程，全面把握经济发展理论脉络，有助于开辟经济发展理论研究的新视域。

（一）经济增长理论

经济增长理论是经济学研究亘古不变的主题，关系到物质财富积累、人类社会进步以及世界和平稳定。西方经济增长理论的发展先后经历了古典、新古典和新增长理论三个历史阶段：（1）古典经济增长理论，以哈罗德（Harrod）和多马（Domar）等学者为代表。（2）新古典经济增长理论，以索洛（Solow）和斯旺（Swan）等学者为代表。（3）新经济增长理论，以罗默（Romer）和卢卡斯（Lucas）等学者为代表。

1. 古典经济增长理论

关于经济增长问题的研究，最早始于斯密（Smith）《国民财富的性质及原因的研究》（1776）。以斯密（Smith）、李嘉图（Ricardo）和马尔萨斯（Malthus）为代表的古典经济学家是经济增长理论研究的先行者，斯密强调专业化劳动分工对经济增长的重要性，李嘉图认为国际贸易对经济增长的贡献不容小觑，而马尔萨斯则指出人口与经济增长的关系（佘时飞，2009）。他们对决定经济增长的因素及机制进行研究，首创了系统的经济增长理论，统称为古典经济增长理论。在古典经济增长理论中，土地、资本和劳动视为影响经济增长的主要因素。19 世纪以前，李嘉图和马尔萨斯等学者认为，土地是除劳动以外最重要的生产要素。但是，随着欧洲工业革命兴起，人们逐渐意识到土地要素存量是固定的，而资本和劳动要素是相对可变的，从而经济学家更加注重资本和劳动要素对经济增长的贡献。正因为如此，古典经济增长理论认为，经济增长完全取决于资本和劳动要素投入程度。

20 世纪初期，哈罗德在凯恩斯有效需求理论的基础上，1939 年和 1948 年分别先后发表和出版了《论动态理论》和《动态经济学导论》，首次提出了经济增长数理模型，使经济增长问题研究由定性分析转向定量研究，开启了利用数理方法研究经济增长问题的先河。20 世纪 40 年代中期，多马先后发表了《扩张与就业》《资本扩张、增长率和就业》《资本积累问题》等论文，提出了与哈罗德基本相似的经济增长数理模型。因此，后来人们习惯上将这两个模型合并统称为哈罗德—多马模型（Harrod – Domar Model）。该模型以凯恩斯的储蓄—投资分析为基础，将凯恩斯短期比较静态理论推广到长期动态经济增长研究中，提出经济增长率取决于资本—产出比率和储蓄率。虽然哈罗德—多马经济增长理论在 20 世纪中期盛极一时，但哈德罗却忽视了技术进步在经济增长中的作用，导致实际增长率、有保证的增长率与自然增长率并非总是趋近一致，只有偶尔才会相等。由于假设条件限制，现实资本主义市场经济难以实现稳态均衡增长，即经济增长的长期稳态均衡呈现"刀刃"特征。所以，一些西方经济学家对哈罗德—多马模型提出了异议，为古典经济增长理论向新古典经济增长理论演变提供了契机。

2. 新古典经济增长理论

西方经济学家围绕"究竟是什么原因导致哈罗德—多马模型在现实资本主义市场经济中难以实现稳态均衡增长"问题展开了近十年的学术之争。索洛认为,哈罗德—多马模型问题的根源主要在于资本和劳动要素无法相互替代,导致资本—产出比率被视为定量。显然,这与事实不符。因此,索洛对哈罗德—多马模型进行了重要修订。

假定 Cobb – Douglas 生产函数中资本和劳动要素比例可任意变动,以克服资本和劳动要素无法相互替代的缺陷,解决了哈罗德—多马模型中均衡增长率(Gw)与自然增长率(Gn)相背离的问题。基于此,索洛在 1956 年发表了《对经济增长理论的贡献》,后被誉为现代经济增长理论研究的开山之作。索洛(Solow, 1956)认为,当不考虑技术进步时,随着人均资本不断增加,资本边际收益率逐渐递减,从而长期的资本—产出比率必将停滞在某一均衡值,经济增长也随之停止。显然,这与经济增长理论相悖。然而,假如考虑外生技术进步,经济就会沿着一条平衡轨迹实现稳态均衡增长。1957 年,索洛在《技术变革与总生产函数》中提出包含外生技术进步的索洛模型,将外生技术进步视为经济增长理论最重要的决定性因素。

此后,经过斯旺(Swan)、米德(Meade)、萨缪尔森(Samuelson)以及托宾(Tobin)等学者不断补充与发展,最终形成了新古典经济增长理论。然而,虽然索洛模型利用假设条件实现了资本和劳动要素相互替代,解决了哈罗德—多马模型的"刀刃"问题,但仍无法解释"不存在外生技术进步的长期经济增长问题",这也为新经济增长理论诞生创造了有利条件。

3. 新经济增长理论

20 世纪 60 年代,针对新古典经济增长理论将技术进步视为外生变量的做法,一些西方经济学家对此提出了异议,并试图将"外生技术进步"转为"内生技术进步",探索长期经济增长的内在原动力。直到 1962 年,阿罗(Arrow)提出了"干中学"模型,首次将技术进步作为经济增长模型的内生变量进行研究,打破了新古典经济增长理论的研究范式。"干中学"模型设想每个经济体按照规模收益不变的原则经营,即在特定的技术水平上,增加资本和劳动要素投入实现产出规模报酬递增。也可以理解为,通过增加资本要素投入促进技术进步，最终实现经济规模报酬递增。

罗默以阿罗的"干中学"模型为基础，并对其进行适当修正。1986年，罗默发表了《收益递增与长期增长》，突破了传统经济增长理论规模报酬不变的经济增长模式，提出了以知识生产和知识溢出为基础的内生经济增长模型，开辟了利用一般均衡模型研究内生经济增长决定因素的可能性。随后，罗默在1990年又发表了《内生技术变革》，将技术进步内生于经济增长模型，建立了一个包含内生技术进步的长期经济增长模型，将资本、非技术劳动、人力资本和新知识作为影响经济增长的四个要素。其中，新知识不仅能对自身产生递增收益，而且也能使资本和劳动要素投入产生递增收益，最终实现经济增长规模报酬递增。因此，新知识对经济增长的贡献最重要，是促进经济增长的内在原动力。

1988年，卢卡斯发表了《论经济发展机制》，将人力资本作为独立生产要素引入索洛模型中，并视其为索洛模型中除技术进步以外的另一种增长方式。卢卡斯认为人力资本积累是长期经济增长的决定性因素，并将其内生于索洛经济增长模型，提出了人力资本经济增长模型。卢卡斯将人力资本投资分为内部效应和外部效应，内部效应指人力资本对提高投资者自身生产率的贡献，而外部效应则是指因投资者知识增加而产生知识溢出效应。至此，以罗默和卢卡斯为代表的内生技术进步新经济增长理论基本形成。新经济增长理论否定了新古典经济增长理论中"市场机制使经济沿着一条最优的平衡轨迹稳态增长"的观点，承认了市场机制可能导致现实资本主义市场经济产生动态低效率，并提出适当的政府干预有助于促进经济增长（吴易风，2000）。

此后，斯科特（Scott）提出了资本投资决定技术进步的经济增长模型，贝克尔（Becker）等提出了贝克尔—墨菲模型，杨小凯等提出了交易成本与分工演进相结合的杨小凯—博兰德经济增长模型等，经过经济学家不懈的探索、完善与补充，新经济增长理论才得以不断突破、创新与发展。

（二）经济发展理论

经济发展是人类社会动态、持续的变化过程，也是人类面临的重大历史课题。经济发展理论研究最早可追溯到20世纪40~50年代，二战后，发展经济学家以发展中国家的经济发展为研究对象，从不同角度讨论发展中国家经济发展的问题，取得了丰硕的理论研究成果，发展经济学由此诞生。

发展经济学作为一门新兴的经济学独立分支学科，在短短几十年的演变过程中，经历了由盛而衰、由衰而荣的发展历程。按照经济发展理论的演变进程，可划分为三个阶段：第一阶段，发展初期（1940～1960年）。以结构主义发展理论为代表，注重资本积累对经济发展的促进作用，强调政府计划化管理的重要性，遵循内向发展的工业化方针。第二阶段，变革时期（1960～1980年）。以新古典经济发展理论为代表，同时还新生了新制度经济理论，引导发展中国家推行改革开放和经济体制改革。第三阶段，融合时期（1980年至今）。以新经济增长理论为代表，凸显技术进步的内生经济增长和经济社会可持续发展，促进经济结构升级，催生新结构主义发展经济学。

1. 发展初期的经济发展理论

经济发展理论初始阶段，以结构主义为主导，强调资本积累、计划管理以及工业化发展的重要性。主要内容包含：

（1）资本积累理论。结构主义发展理论认为，劳动、资本和资源要素是经济发展的主要影响因素。历史经验表明：一方面，虽然资源禀赋对经济发展产生了影响，但其自身并不能决定经济发展。另一方面，发展中国家劳动力相对富余，也不会对经济发展产生制约作用。由此可见，物质资本存量是经济发展的重要影响因素，表现为物质资本投入直接决定了经济发展水平。根据利文斯通（1983）的总结，该理论可分为以下几种：一是刘易斯"二元经济结构"模式。刘易斯在1954年和1955年先后发表了《劳动力无限供给条件下的经济发展》和《经济增长理论》，指出发展中国家存在二元经济结构，在吸收和转移农村剩余劳动力过程中推动资本积累。二是"贫困恶性循环"理论。1953年，纳克斯（Nurkse）在《不发达国家的资本形成》一书中指出，发展中国家人均收入水平较低，资金供给（储蓄）和产品需求（消费）均存在不足，制约了资本积累，导致发展中国家长期陷于贫困之中。不仅如此，发展中国家还普遍存在制度结构僵化问题，导致供给方面形成"低收入—低储蓄率—低资本形成—低生产率—低产出—低收入"恶性循环，需求方面形成"低收入—低购买力—低投资引诱—低资本形成—低生产率—低产出—低收入"的恶性循环。三是哈罗德—多马模型。

根据凯恩斯增加投资扩大总需求理论，哈罗德和多马在静态凯恩斯投资理论的基础上提出了一种动态经济增长理论，将其应用于发展中国家。四是"两缺口模式"理论。钱纳里（Chenery）认为，经济发展的影响因素不只是资本积累，还包括购买进口必需品所需的外汇。当发展中国家依靠提高资本积累促进经济发展时，因储蓄率偏低而产生储蓄缺口。然而，储蓄缺口势必导致外汇缺口。因此，"两缺口模式"是发展中国家在发展初期必然会经历的发展模式。

（2）计划管理理论。发展经济学诞生初期，结构主义发展经济学家普遍认为，发展中国家市场经济体系建设尚不完善，价格调节机制严重扭曲，经济结构弹性不足，市场经济体系自由调节价格机制难以实现，有必要借助政府干预调整经济结构或经济关系。因此，市场自由决定价格机制的西方主流经济学研究范式不适用于发展中国家（张建华和杨少瑞，2016）。荷兰发展经济学家廷伯根（Tinbergen）主张运用强制力改变现状，建立新政策和新制度。犹如阿恩特（Arndt）所言，"发展经济学诞生初期，大多数第一代发展经济学家均表现出结构主义观点的共性，怀疑市场自由决定价格调节机制，提倡政府计划和干预，坚信依靠国家计划性调节能纠正市场失灵"（阿恩特，1999）。

（3）"滴漏"理论。发展经济学诞生初期，主流经济发展理论都关注经济增长，仅有较少涉及经济发展的利益分配原则，主要原因是忽视了"滴漏"机制（trickle-down mechanism）。加仑森（Galenson）和莱本斯坦（Leibenstein）研究发现，富人通常将资本用于储蓄和投资，穷人则将收入用于消费。所以，财富分配不均有助于提高储蓄率，促进资本积累，从而产生"滴漏"效应。所谓"滴漏"效应，是指在经济发展过程中对贫困阶层、弱势群体或贫困地区不给予特别优待，而是在投资、消费和就业等方面，通过优先发展地区带动贫困地区发展，实现共同富裕。那么，如何解决财富分配不均导致收入差距扩大呢？通常是利用凯恩斯提出的"对高收入群体征税与对低收入群体补贴相结合的方式"。但是，库兹涅茨（Kuznets）研究认为，经济发展初期，出现大量低收入的农业部门和高收入的工业部门，收入分配可能导致贫富差距扩大。但随着工业化不断发展，低收入农业部门的劳动力逐渐向高收入的工业部门转移，最终实现贫富差距不断缩小。

（4）均衡发展理论。"大推动"理论是均衡发展理论中最具代表性的理论之一。1943 年，罗森斯坦—罗丹（Rosenstein – Rodan）在《东欧和东南欧国家工业化的若干问题》中提出了"大推动"理论，指出发展中国家对各个经济部门进行大规模投资，促进部门经济发展，进而推动经济全面发展。结构主义发展理论希望通过"大推动"理论的工业化打破纳克斯的"贫困恶性循环"或刘易斯的"二元经济结构"，但是"大推动"理论在均衡发展还是非均衡发展的路径选择上仍存在分歧。罗森斯坦—罗丹等经济学家强调在工业发展中"非连续性和外部经济性"的重要性，主张以相同投资率对国民经济各部门投资，实现均衡发展。但是，纳克斯却主张以不同投资率对国民经济各部门进行全面投资，实现均衡发展。然而，赫希曼（Hirschman）认为发展中国家的共性是产业关联脆弱，理应将资金投资到强关联效应的产业中，实现非均衡发展。

（5）起飞理论。格申克龙（Gerschenkron）根据发展中国家的历史经验，系统地提出了后发优势理论，从此开启了后进发展的研究。格申克龙指出一国经济发展水平越低，后工业化时期经济发展速度越快，甚至可能呈井喷式高速发展，并将长期维持这种发展态势。20 世纪 60 年代，受后发优势理论的启迪，罗斯托（Rostow）在《经济成长的阶段》中提出了"经济成长阶段论"，将一国经济发展过程分为五个阶段。随后，他在 1971 年出版的《政治和成长阶段》中又新增了第六个阶段。最终，罗斯托将经济发展划分为六个阶段：传统社会阶段、准备起飞阶段、起飞阶段、走向成熟阶段、高额群众消费阶段和追求生活质量阶段。

2. 变革时期的经济发展理论

20 世纪 40～60 年代，虽然初期阶段经济发展理论对推动发展中国家经济发展做出了重要贡献，但仍有部分政策在发展中国家难以达到预期经济目标。尤其是 20 世纪 70 年代以来，初期阶段奉行的政府计划与干预理论在发展中国家经济发展中困难重重。与之不同的是，那些实行对外开放、发挥市场调节机制，以及出口政策导向的发展中国家，经济发展却取得了非凡的成就。20 世纪 60 年代末期和 70 年代初期，结构主义发展经济学家开始重新审视和评价初期阶段的经济发展理论，并对现有理论加以修正与创新，主要包括：一是对计划化和市场化作用重新评估。二是纠正对农业的偏见。三是对外开放得到肯定。基于对初期阶段经济发展理论重新评估与合理修正，第二阶段经济发展理论突破了新古典经济增长理论框架，形成了新的经济发展理论。主要表现在三个方面：一是主张保护个人利益，强调私有化。二是主张自由开放，竞争有序。三是主张贸易自由化，金融自由化。

（1）市场机制理论。初期阶段结构主义发展经济学过于强调发展中国家的市场经济体系建设尚不完善，无法完全依赖市场经济体制对价格进行自由调节，低估了市场调节作用。当新古典主义复兴浪潮倒逼结构主义理论重新审视市场经济体制时，人们发现市场经济体制能较好地对价格进行自由调节，实现资源有效配置，促进经济发展。但同时也指出，政府还应当有计划地利用市场经济体制的价格杠杆适当调控政策，而不主张完全放任市场经济体制对价格自由调节。正如约翰逊（Johnson）所言，"自由市场能调节各种生产要素自由流动，实现经济利益最大化。利用价格—市场机制对生产要素进行合理配置，促进经济发展"（谭宗台，1999）。1992年，拉尔（Lal）在《发展经济学的贫困》中指出，"市场失灵"的根本原因不是市场自身，而是由政府干预引起的，因而主张利用价格—市场机制自由调配生产要素，实现资源合理、有效配置（拉尔，1999）。1992年，邓小平同志提出无论是计划经济还是市场经济，都只是一种资源配置手段。这一论断也充分说明了在发展中国家完全可以实行市场经济体制，或者兼顾计划经济和市场经济。

（2）人力资源理论。初期阶段发展经济学家普遍认为，发展中国家传统农业部门生产率普遍偏低，农业发展相对落后，对经济发展的贡献度较低。其实，传统农业部门生产率偏低的根本原因是农业部门生产资料匮乏，而并非资源配置效率低引起的。舒尔茨（Schultz，2020）在《对人进行投资：人口质量经济学》中从农业经济学和人力资本投资角度论证了发展中国家农业部门可以依靠农业维持生计，甚至还能成为经济发展的原动力。舒尔茨等认为，人力资源投资既是推动经济发展的生产要素，也是物质资本投资的有益补充。提高发展中国家农业部门的经济福利，关键因素不是土地和资源等生产要素，而是改善和提升农民的知识水平与技术能力。因此，提高发展中国家农业经济发展水平，不仅要提供更多的生产要素以满足农业生产的需要，更重要的是，在农业部门广泛开展人力资本投资，提升农民的知识水平和技术能力，提高农业生产效率，推动农业经济发展，促进经济全面发展。

（3）对外贸易理论。初期阶段结构主义经济发展理论认为，发展中国家应采取以进口替代工业化发展的战略。然而，长期依靠大量进口必定导致发展中国家外汇缺口不断扩大。随后，发展经济学家对结构主义经济发展理论中的对外贸易战略予以批评，提出发展中国家合理的对外贸易政策应该同时兼顾进出口两种政策，自由贸易政策对发展中国家经济发展具有积极的现实意义。明特（Myint）在《发展中国家的经济学》中指出，自由贸易政策有助于激励发展中国家加快开发尚未开采的资源，增加物质产出和经济福利，推动经济快速发展（郭熙保，1998）。哈伯格（Harberger）也是市场机制理论的有力支持者。他认为，通过价格—市场机制对生产要素进行自由配置，不仅对国内市场产生有效的调节作用，而且对国际市场也能实现合理配置，即自由贸易政策有利于实现国内和国际市场自由发展、有序竞争（谭宗台，1999）。

3. 融合时期经济发展理论

20 世纪 80 年代以后，发展经济学家逐渐有意识地对经济增长和经济发展的内涵加以区分，试图厘清经济增长与经济发展的区别和联系。发展经济学家认为，经济发展的内涵除经济增长数量外，还包含优化经济结构、改善生态环境、提高生活水平等。经济发展理论经历变革时期的反思与调整，逐渐从"以经济增长为中心的增长观"过渡到"人与自然和谐相处的发展观"，强调非纯经济因素对经济发展的影响。经历了批驳与反思，一些新的经济发展理论正方兴未艾，大量研究成果也提供了佐证。

（1）新经济增长理论。20 世纪 80 年代中期，罗默、卢卡斯等发展经济学家在重新审视新古典经济增长理论的缺陷时，提出了一种新的经济增长理论，其代表作是 1983 年罗默在芝加哥大学的博士论文《动态竞争分析中的外部性和收益递增》。随后，他在 1986 年发表的《收益递增和长期增长》中首次提出内生经济增长模型，成为新经济增长理论的代表性模型之一。新经济增长理论是新古典经济增长理论与变革时期经济发展理论的相互融合，既涵盖了新古典经济增长理论的"经济增长中心论"，重视经济数量增长，又包含了内生技术进步的经济发展理论，注重人力资本积累、知识外溢、技术创新等，更加重视经济质量提升。两种经济增长理论相互融合发展，不仅对经济发展理论进行了开拓性创新，而且对发展中国家发挥"后发优势"也提供了理论支撑。

（2）新制度经济理论。以诺斯为代表的新制度经济学家指出，制度因素对经济发展起决定性作用。随着新制度经济学逐渐兴起，以奥斯特罗姆（Ostrom）为代表的发展经济学家将新制度经济理论应用于发展经济学领域，继承与发扬了新制度经济学的研究方法和分析框架，强调制度因素在经济发展中的决定性作用，进而演绎形成了发展经济学的新制度经济理论。经历了发展经济学的变革与反思，发展经济学家逐渐意识到，新古典经济学将制度因素视为经济增长的外生变量与现实不太相符。众所周知，不同经济体制的发展中国家，经济发展水平显著不同。不仅如此，经济体制相同的发展中国家因国情不同，经济发展水平也大相径庭。由此可见，制度因素是经济发展的重要内生变量，制度的发展与变迁对一国或地区经济发展产生了深刻影响。

（3）可持续发展理论。20世纪80年代以前，经济增长与经济发展理论经常被混为一谈，都是以经济增长数量为主要目标，忽视了资源与环境可持续发展。发展中国家生产力落后，经济发展迟缓，为了缩短与发达国家的差距，盲目追求经济高速增长，却忽视了人口增长与资源紧缺、经济增长与生态平衡、道德伦理与公平竞争的矛盾和问题，导致一些发展中国家出现了"有增长无发展"的怪象。直到20世纪80年代初期，发展经济学家才逐渐意识到经济增长与经济发展存在本质区别。经济发展不应只涵盖经济增长数量指标，还应包含生态环境、自然资源、生活质量、创新能力等社会发展指标，从而使经济发展的内涵更丰富、更全面、更科学。1987年，世界环境与发展委员会发表了《我们共同的未来》，报告首次明确提出和阐释了可持续发展战略。1992年，在巴西召开的世界环境与发展大会上通过了《里约环境与发展宣言》《21世纪议程》等一系列纲领性文件，解释了可持续发展理论的深刻内涵，逐渐形成了可持续发展理论，标志着可持续发展已成为人类社会发展的永恒主题，未来我国必将在可持续发展理论的指导下，实现经济又好又快发展，人与自然和谐共生。

（三）高质量发展理论

发展经济学对经济增长与经济发展概念的定义不尽相同。其中，经济增长通常指一个国家或地区在一定时期内由于就业增加、资本积累和技术进步等因素影响，使经济总量在规模和数量上实现扩张。经济发展是指一个国家或地区既呈现经济增长数量，更重要的是体现经济质量提升和经济结构优化（黄选高，2004）。然而，20世纪80年代以前，发展经济学理论却混淆了经济增长与经济发展概念的区别，将经济增长视为社会发展进步的主要目标，甚至是唯一目标。波特在《国家的竞争优势》中对发展中国家经济发展阶段进行了划分：第一阶段为要素投入发展阶段。优势在于劳动和资源要素成本低廉，劣势是技术创新能力不足。第二阶段为投资推动发展阶段。优势是投资促进经济高速增长，劣势是资源环境严重破坏。第三阶段为创新驱动发展阶段。优势是创新能力显著增强，劣势是经济增速明显趋缓（杨凤林等，1996）。本节将按照上述三个阶段阐述高质量发展理论的历史演绎进程。

1. 要素投入发展阶段，坚持以经济建设为中心

改革开放以前，受连年内战及计划经济体制影响，我国经济持续萎靡萧条，人民生活处于温饱边缘，加快农业发展，提高粮食产量，解决温饱问题是这个历史时期最重要的战略目标。1978年12月，党的十一届三中全会开启了改革开放和建设社会主义现代化的新篇章，实现了从"以阶级斗争为纲"到以经济建设为中心、从封闭半封闭到对外开放、从计划经济到市场经济的深刻转变。邓小平始终坚持以经济建设为中心，强调发展是"硬道理"，经济增长确立为社会发展的主要目标之一。2002年，江泽民在出席中央党校省级干部进修班毕业典礼时发表重要讲话，提出"必须把发展作为党执政兴国的第一要务"，是对邓小平"发展是硬道理"[①]深刻而富有创造性的阐释。党的十六大报告指出"坚持以经济建设为中心，用发展的办法解决前进中的问题"。显而易见，经济增长与经济发展仍被视为同一概念。

尽管早在20世纪80年代，发展经济学家对于混淆经济增长与经济发展概念提出了异议，但是将二者概念等同起来在我国特殊历史时期的存在是合理的，不能全盘否定。经济增长固然不能等同于经济发展，但二者也存在紧密联系。事实上，经济增长是经济发展的基础前提和必要条件，没有经济增长何谈经济发展，但是实现经济增长也未必就能促进经济发展。换句话说，经济增长是经济发展的必要非充分条件。因此，在改革开放初期的特殊历史阶段，我国社会生产力比较落后，经济基础相对薄弱，物质条件极其匮乏，

---

① 邓小平. 邓小平文选. 3卷 [M]. 北京：人民出版社，1993：377.

人民生活异常艰难，在如此贫困的经济状况下，温饱问题都难以解决，再谈人的全面发展就缺乏任何实际意义。所以，在这个特殊的历史发展时期，首要任务是以经济建设为中心，提高经济增长数量。正如林毅夫和苏剑（2007）所言，该阶段我国经济增长主要依靠提高劳动生产率和要素投入的贡献。

在要素投入发展阶段，以经济建设为中心是特殊历史时期推动经济社会发展的重大战略部署。经济增长数量达到一定阶段后，人民物质需求已基本得到满足，更高层次的生态品需求与经济增长的矛盾日益凸显，单纯以要素驱动的经济增长方式已不能满足高质量发展的现实需求，必须转变经济发展方式，提升经济发展质量，实现经济又好又快发展。

2. 投资推动阶段，资本积累促进经济增长

改革开放 20 多年以来，我国始终坚持以经济建设为中心，大力发展生产力，使经济总量在规模和数量上迅速扩张，为我国经济迈入"起飞阶段"创造了良好的物质前提条件。根据罗斯托对经济发展阶段的划分，"起飞阶段"是发展中国家最关键的时期，预示着从传统经济增长阶段向持续发展阶段的跨越式转变。

发展经济学家普遍认为，发展初期资本积累是推动经济高速增长的必要条件，也是经济增长率的决定性因素。为了实现在经济总量上追赶乃至超越发达国家，不少发展中国家将投资政策奉为圭臬，将投资驱动追赶战略作为经济"起飞阶段"的重要战略决策。2003 年以来，我国资本形成率基本维持在 40% 以上，远高于发达国家、中等收入国家乃至中低收入国家同期资本形成率（郭熙保，2011）。物质资本投资为我国经济高速增长注入了强劲动力，2001～2008 年物质资本投资对我国经济增长的贡献率高达 47.8%。事实证明，在投资推动阶段，正是依靠投资驱动战略加速了资本积累，推动经济高速增长。然而，该阶段依然是要素驱动的经济增长方式，技术创新对经济增长的贡献率较低（王小鲁等，2009）。虽然在政府主导下，通过资本投资加速资本积累，促进经济增长，但是投资驱动引起投资过度、产能过剩、收入差距扩大、资源利用低效、生态环境恶化等问题也令人深感不安，社会各界人士对这种经济增长方式的可持续性也表现出高度关注和担忧（周黎安，2007）。

20 世纪 90 年代以来，长期依靠要素驱动和投资驱动方式推动我国经济高速增长，但技术进步与全要素生产率对经济增长的贡献率较低。在发展初期，投资驱动的经济增长方式是必要的，但投资驱动方式在推动经济高速增长的同时也带来了消费需求低迷、供需结构错位、生态环境恶化、经济结构失衡等矛盾。随着我国经济进入更高层次的高质量发展阶段，内生经济增长动力明显不足，经济增长方式必须适时转变，从投资驱动转向创新驱动，破解制约经济发展的瓶颈，增强经济增长内生动力，提高技术创新对经济发展的贡献率，提升经济发展质量。

3. 创新驱动阶段，推动高质量发展

与西方发达国家发展历程类似，我国经济增长方式也经历了由粗放型到集约型的转变过程。英国经济学家阿瑟·刘易斯研究指出，经济发展初期，利用外生经济机会以及外延式增长方式促进经济高速增长，虽然会付出"以资源换增长"的代价，但是仍符合比较优势原则。不过，当经济增长到一定阶段时，外生经济机会代价巨大，继续采取外延式经济增长方式已不具有比较优势，必须转变经济发展方式，采取内涵式经济发展方式，从注重要素投入转向注重技术进步，从注重物质资本数量转向注重人力资本质量，从注重经济增长数量转向注重经济质量提升，提高全要素生产率（于学东，2007）。

2003 年 10 月，党的十六届三中全会提出"坚持以人为本，树立全面、协调、可持续的发展观，促进经济社会和人的全面发展"，阐释了科学发展观的深刻内涵，厘清了经济增长和经济发展概念的联系与区别。转变经济发展方式，首要任务就是从过去单纯追求经济增长数量转为全面协调可持续发展。其次是解决经济结构失衡，更加注重经济社会和人的全面发展。2013 年 11 月，党的十八届三中全会提出"加快转变经济发展方式，加快建设创新型国家，推动经济更有效率、更加公平、更可持续发展"。经济发展方式从投资驱动转向创新驱动，有利于优化经济结构，改善生态环境，提升经济发展质量。因此，转变经济发展方式，提高要素效率，提升经济发展质量，是跨越中等收入陷阱、从"经济大国"迈向"经济强国"的重要战略抉择。

2017 年 10 月，党的十九大报告明确指出，"我国经济已由高速增长阶

段转向高质量发展阶段，正处于转变发展方式、优化经济结构、转换增长动力的攻关期"。随着我国经济转向高质量发展阶段，创新驱动成为转变发展方式、优化经济结构、提升经济效率的必由之路，也是化解当前经济社会发展矛盾的内在要求和必然选择。实施创新驱动发展战略，推动高质量发展，关键是将技术创新、环境保护与经济发展充分融合。首先，以供给侧结构性改革为主线，将创新驱动着力点转移到提高经济发展质量和效益上，推动经济发展质量变革、效率变革、动力变革，提高全要素生产率。其次，构建全方位环境治理体系，坚持全民共治，源头防治，加大生态环境保护力度，着力解决突出的环境问题。因此，中国特色社会主义进入新时代，我们应牢牢把握供给侧结构性改革主线，着力化解供需结构矛盾，加快转变经济发展方式，以创新驱动推动新旧动能转换，积极培育经济新动能，提高经济发展质量和效益，推动高质量发展。

二、高质量发展的分析基础

实现高质量发展，是保持我国经济社会持续健康发展的必然要求，是适应我国社会主要矛盾变化、全面建成小康社会和建设现代化经济体系的必然要求，是遵循经济发展规律的必然要求。悟透高质量发展理论基础，才能更清晰地理解高质量发展的逻辑联系。本节通过阐述高质量发展的时代背景、基本特征和条件约束等理论基础，为分析高质量发展的影响机制提供理论支撑。

（一）高质量发展的时代背景

改革开放 40 多年以来，我国经济保持高速增长，经济增长成绩斐然。国家统计局数据显示，1978 ~ 2017 年，国内生产总值从 3679 亿元增长到 820754 亿元，按不变价计算，比 1978 年增长了 33.5 倍，年均实际增长率约 9.5%，远高于同期世界经济 2.9% 左右年均增速。同时，人均国内生产总值也稳步提高，从 385 元增长到 59660 元，扣除价格因素，比 1978 年增长了 22.8 倍，年均实际增长率约 8.5%。数据显示，我国人均国民总收入由 1978 年的 200 美元提高到 2016 年的 8250 美元，高于中等偏上收入国家平均水平，在世界银行公布的 217 个国家（地区）中排名上升到第 95 位，已成功由低收入国家跨入中等偏上收入国家行列。①

40 多年以来，我国经济总量连上新台阶，增量规模显著增大，但经济增速却跌宕起伏。1978～1987 年，改革开放扩大出口贸易，促进经济迅速增长，年均增长率达 10.12%。20 世纪 90 年代期间，我国经济长期保持稳定快速增长，经济增长率始终维持在 7.67%～14.22% 之间。随着改革开放持续深入和市场经济渐趋成熟，2000～2007 年，经济增长率连续八年持续攀升，从 8.49% 提高至 14.23%。不难看出，1978～2007 年，我国经济增长率虽有波动，但总体上仍呈高位增长态势，年均增长率约 9.8%，远高于同期世界经济增长率 3% 左右的平均水平，创造了世界经济发展史上的"中国奇迹"。然而，任何国家经历了高速经济增长阶段必定会逐渐进入中高速经济发展阶段，这是经济发展的客观规律，也是必然现象。2008～2017 年，受国际金融危机和国内经济下行压力等世情和国情双重影响，我国经济增长速度明显趋缓。特别是 2012 年以后，经济增长率始终低于 8%，且呈逐年下降趋势。事实表明，我国经济已由高速增长阶段转入中高速增长阶段。

回顾改革开放 40 多年的发展历程，我国经济增长取得了举世瞩目的非凡成就。但是，由于受人口红利渐趋消失、中等收入陷阱风险累积、世界经济格局变化莫测等内外因素影响，导致经济下行压力持续增大。同时，增长动力不足、资源消耗过快、区域发展不协调、创新能力缺乏、供需结构错位等问题也制约了经济发展，保持经济持续稳定发展是实现中华民族伟大复兴的先决条件。2015 年 11 月，习近平总书记在中央财经领导小组第十一次会议中首次提出"要牢固树立和贯彻落实创新、协调、绿色、开放、共享的新发展理念，适应经济发展新常态……着力加强供给侧结构性改革，着力提高供给体系质量和效率，增强经济持续增长动力，推动我国社会生产力水平实现整体跃升"。供给侧结构性改革实质就是用改革的办法推进结构性调整，减少无效和低端供给，增强供给结构对需求变化的适应性和灵活性，提高全要素生产率，目的是在适度扩大总需求的同时，去产能、去库存、去杠杆、降成本、补短板，扩大有效供给，降低无效供给，使供给体系更好地适

---

① 见国家统计局 2018 年发布的《波澜壮阔四十载 民族复兴展新篇——改革开放 40 年经济社会发展成就系列报告之一》。

应需求结构的变化，从根本上解决经济发展中的结构性问题。

（二）高质量发展的基本特征

推进高质量发展，必须跨越转变发展方式、优化经济结构、转换增长动力的重要关口，最终实现经济发展质量更高、人民生活质量更好、生态环境质量更优。所以，本书根据经济发展不同阶段的特征，从四个方面论述高质量发展的基本特征。

1. 提升经济质量

改革开放以来，我国始终坚持以经济建设为中心，锐意推动经济体制改革，全面扩大改革开放，经济总量持续增长，创造了世界经济发展史上的"中国奇迹"。首先，从经济增速看，1978～2017年，国内生产总值按不变价计算增长33.5倍，年均增长率9.5%，远高于同期世界经济2.9%的年均增长速度。特别是2007年国内生产总值增长率甚至高达14.2%，高居全球经济增速之首。2008年，全球金融危机爆发，对我国经济产生了较大冲击，经济增速稍有回落，但仍保持高速增长态势。自2012年起，国内生产总值增速降至8%以下，并始终维持在7%左右，预示着我国经济发展已由高速增长阶段转入中高速增长阶段。其次，2019年我国经济总量达到14.4万亿美元，即将突破100万亿元，稳居世界第二大经济体，预计占世界经济总量将超过16%。更可喜的是，2019年人均国内生产总值首次突破1万美元[1]，表明我国经济总量持续增加，经济产能不断扩大，综合国力显著增强。由此可以看出，数量型经济增长已取得了显赫成绩。然而，经济高速增长带来的问题也日益凸显，如生态环境恶化、自然资源短缺、经济结构失衡、收入分配不均、供需结构错位等。当前，高质量发展已成为中国特色社会主义新时代的发展主题，传统要素驱动方式转向创新驱动方式已是大势所趋，必须通过转变发展方式、优化经济结构、改善生态环境、促进公平分配等途径提升经济发展质量，推动高质量发展。因此，当经济总量在规模和数量上达到一定阶段后，摒弃单一追求经济增长数量，更加注重经济质量提升的发展方式是高质量发展最重要的基本特征。

---

[1] 数据来自《中国统计年鉴（2020）》。

2. 优化经济结构

改革开放以来，我国经济发展经历了从"起飞"到"成熟"阶段，取得了举世瞩目的历史成就。一方面，从经济规模上看，我国从贫穷落后的经济弱国发展成为世界第二大经济体。1978 年，我国经济总量仅有 3679 亿元，到 2019 年趋近 100 万亿元，对世界经济增长的贡献率超过 30%，日趋成为世界经济增长的动力之源、稳定之锚。另一方面，从经济结构上看，我国从农业大国发展成为工业强国。2018 年第二产业增加值占国内生产总值的比重为 39.7%，表明第二产业仍是我国经济增长的重要支柱。当前，我国产业结构存在着创新能力不足、服务业发展落后、资源消耗偏高等突出问题，推进产业结构调整与优化，有助于解决制约我国经济可持续发展的重大结构性问题。中国特色社会主义进入新时代，必须转变经济发展方式，从规模扩张转向结构优化，调整密集型低附加值产业，加快淘汰落后产能，推动传统产业优化升级，培育发展新技术高附加值新兴产业，不断调整与优化经济结构，使经济结构趋于合理化，获取"结构红利"，推动高质量发展。

3. 创新驱动发展

古典经济增长理论认为，劳动、资本、土地等要素投入是经济增长的原动力。改革开放以来，我国依靠劳动和资本要素投入实现了经济高速增长，并成功跨越低收入国家"贫困陷阱"，迈入中等收入国家行列（任保平和郭晗，2013）。尽管要素驱动方式对我国经济增长做出了巨大贡献，但随着资源供给短缺、生态环境恶化以及人口红利消失等禀赋条件降低，必须培育发展新经济增长极。波特（2007）认为，国家竞争优势发展先后经历要素驱动、投资驱动、创新驱动和财富驱动四个阶段。当前，我国经济正处在由高速增长阶段转向中高速增长阶段的换挡期，要素驱动和投资驱动方式已难以维持经济持续稳定增长，创新驱动方式必将成为高质量发展新的动力源（陶长琪和彭永樟，2018）。不仅如此，资源环境约束、劳动成本上升、耕地荒漠盐渍化等现实条件也导致要素驱动和投资驱动方式难以为继，转变经济发展方式，从要素驱动和投资驱动转向创新驱动是实现高质量发展的必由之路。我国经济已迈入高质量发展新阶段，正处在转换增长动力的攻关期，必须从要素驱动和投资驱动转向创新驱动，从"资源红利""人口红利"转向"创新红利""改革红利"（任保平和郭晗，2013），培育经济发展新极核，推动高质量发展。

4. 全面协调可持续

改革开放40多年以来，我国经济增长创造了世界经济发展史上的"中国奇迹"。国家统计局数据显示，1979～2018年国内生产总值年均增长率为9.4%，对世界经济增长年均贡献率达18%，仅次于美国，位居世界第二（石华平和易敏利，2020a）。经济增长固然令人可喜，但资源消耗却令人不安。过去依靠高投入、高消耗、高污染的粗放型经济增长方式已造成资源过度开发和消耗。1980～2017年，我国能源消费总量从58.59亿吨标准煤上升到416.09亿吨标准煤，年均增长率5.4%。天然气消费总量从1.87亿吨标准煤增长到31.62亿吨标准煤，年均增长率7.9%。[1] 2018年，全球天然气消费量增长1950亿立方米，年增长率5.3%，是1984年以来的最大增速。其中，我国消费量仅次于美国位居世界第二，占全球消费总量22%。[2] 由此可见，我国经济高速增长仍未摆脱对资源过度消耗的依赖。然而，资源过度消耗不仅造成了资源浪费、生态恶化、环境污染等问题，而且这些问题已日渐成为制约我国经济社会可持续发展的瓶颈，阻碍经济高质量发展。当前，我国正处在转变发展方式的重要关口，传统粗放型经济增长方式已难以为继，优化经济结构、转换增长动力已迫在眉睫，推进高质量发展，必须坚持新发展理念，从资源消耗转向全面可持续发展，深入推进节能减排，形成绿色发展方式和生活方式，建设资源节约型和环境友好型的"两型"社会，促进人与自然和谐共生，建设现代化经济体系。

（三）高质量发展的条件约束

高质量发展的根本目的是能够更好地满足人民日益增长的美好生活需要和优美生态环境需要。那么，实现高质量发展，究竟存在哪些约束条件呢？首先，高质量发展必须突破不可再生的自然资源约束，从要素驱动转向创新

---

[1]　数据来自《中国能源统计年鉴（2019）》。
[2]　数据来自《世界能源统计年鉴（2019）》。

驱动，提高资源利用效率，降低资源开发和消耗。其次，高质量发展必须受限于生态环境约束，正确处理好经济发展与环境保护的关系，加强环境治理，减少污染排放，改善生态环境质量。

1. 自然资源约束

资源稀缺性是经济学研究的前提和出发点。自然资源是经济社会发展不可或缺的生产要素。也就是说，经济发展离不开自然资源要素投入。可是，地球上的自然资源储量有限，且存量固定。随着工业化和城镇化的不断发展，经济增长取得了非凡的成就，但同时也耗费了大量的自然资源，从而出现了资源短缺、退化和枯竭等现象，制约了经济高速增长。迈入新时代，我国经济由高速增长阶段转向中高速增长阶段，虽然经济增速有所减缓，但仍需要消耗大量的自然资源。因此，自然资源约束已成为制约高质量发展的瓶颈。

通常而言，自然资源约束以"流量约束"和"存量约束"两种形式存在。"流量约束"主要表现在缺乏资源勘探与开发的人才和技术，对潜在的自然资源探测、开发与利用不充分，导致自然资源供给不足而形成自然资源约束。随着工业化发展不断推进，自然资源被过度开发与利用，尤其是不可再生自然资源存量明显不足时，自然资源约束由"流量约束"转为"存量约束"（宋旭光，2004）。无论自然资源约束以"流量约束"还是"存量约束"形式存在，都是从数量上体现了自然资源的稀缺性，故而统称为"数量型自然资源约束"。但是，随着资源环境经济学研究不断深入，学者们发现，部分发达国家虽然自然资源禀赋相对偏低，但经济却保持高速增长，而一些发展中国家的自然资源禀赋优越，经济却呈负向增长。基于这种经济现象，学者们提出了"资源诅咒假说"，认为资源禀赋与经济发展之间呈负相关关系。萨克斯和沃纳（Sachs and Warner，1995，1997）利用实证方法验证了丰裕的自然资源对经济发展具有抑制作用。其原因是，自然资源禀赋优越的国家采取粗放型经济增长方式限制了人力资本积累，降低了资源配置效率，难以支撑持续稳定的经济增长。所以，因自然资源利用低效而形成自然资源约束，称为"质量型自然资源约束"（曹玉书和尤卓雅，2010）。实际上，我国自然资源相对丰裕，自然资本占国民财富的比重超过5%（胡援成和肖德勇，2007）。虽然我国自然资源存量比较充足，但仍面临着"数量型自然资源约束"，而且表现形式已由早期的"流量约束"转为"存量约束"。其实，与"数量型自然资源约束"相比，"质量型自然资源约束"对我国经济发展的制约作用更加明显。

在新时代背景下，自然资源约束与高质量发展之间的矛盾日益凸显，推进高质量发展，必须转变经济发展方式，从要素驱动转向创新驱动，提高资源要素效率，以有限的自然资源创造更多物质财富以满足人民日益增长的美好生活需要，降低"质量型自然资源约束"对高质量发展的制约作用。

2. 生态环境约束

长期以来，我国依靠高投入、高消耗、高污染的粗放型经济增长方式实现了经济高速增长，但也付出了环境恶化的惨重代价。全球碳项目（Global Carbon Project，GCP）发布的《2019 年全球碳预算》报告显示，2018 年我国二氧化碳排放量占全球碳排放量的 28%，超过了美国（15%）和欧盟（9%）排放量总和。《中国生态环境状况公报（2019）》指出，2019 年全国 337 个地级及以上城市中，53.4% 城市环境空气质量超标，其中，$PM_{2.5}$、O_3 和 PM_{10} 超标天数分别占总超标天数的 45.0%、41.7% 和 12.8%。数据表明，我国碳排放量依然呈高位态势，生态环境污染极其严重。不仅如此，生态环境污染也严重影响到人们的身体健康，降低了居民幸福感。《全球疾病负担研究（2017）》报告显示，我国已成为全球新增癌症病例最多的国家。其中，肺癌居首（石华平和易敏利，2020b）。显而易见，环境治理与环境保护依然任重而道远。推进高质量发展，必须建立在生态环境可承载的前提下，在经济、民生、生态等领域提高发展质量。因此，生态环境约束是推进高质量发展的重要约束条件。

迈入高质量发展新阶段，依靠低成本优势的要素驱动产生的旧动能渐趋耗竭，转变经济发展方式，提升经济发展质量，实现经济社会可持续发展已成为现阶段我国经济发展的迫切需求和必然选择。实现高质量发展，必须正确处理好经济发展与环境保护的关系，既要金山银山，也要绿水青山。在生态环境可承载范围内，利用创新驱动提高资源要素效率，减少污染排放，提供更多优质生态品以满足人民日益增长的优美生态环境需要。

三、高质量发展的内生机制：环境规制的绿色效应与革新效应分析

从理论上讲，高质量发展的内生机制是分析作用机制的出发点，厘清高质量发展的内生机制有助于解释"为什么要推进高质量发展"。高质量发展，实质上是经济发展方式从数量速度型转向质量效益型，关键在于提升经济发展质量。实现高质量发展，要在技术创新上下功夫，立足于提高经济发展质量和效益，同时注重生态环境保护，保障和改善民生，提升居民幸福感，促进经济社会全面可持续发展。

（一）污染治理是高质量发展的必要条件

古典经济增长理论认为，劳动、资本、资源是影响经济增长的重要因素。改革开放初期，我国社会生产力落后，经济基础薄弱，物质资本匮乏，在如此特殊的历史时期，首要任务是推动经济高速增长，提高经济总量和规模。因此，以经济建设为中心是改革开放初期推动经济社会发展的重大战略部署。数据显示，1978～2000年，国内生产总值从3679亿元增长到10万亿元，年均增长率16.2%。同时，人均国内生产总值从385元增长到7942元，增长了19倍，年均增长率14.7%。[①] 实践证明，改革开放初期，我国经济迈上快车道，加速了经济增长，使经济总量和规模不断增大。但是，受人才匮乏、资本缺乏、技术落后等因素所限，我国还只能依靠粗放型要素驱动方式推动经济增长。

1978～2000年，要素驱动方式推动了我国经济快速增长，经济总量和规模得以迅速扩张。同时，经济总量和规模扩张提高了居民储蓄率，高储蓄率为实施投资驱动战略创造了良好的基础前提。发展经济学家普遍认为，在发展初期阶段，资本积累是推动经济高速增长的必要条件，也是提高经济增长率的关键要素。为了实现经济高速增长，缩短与西方发达国家的差距，一些发展中国家甚至将投资驱动追赶战略作为国家重要战略决策部署。当然，

---

① 数据来自《中国统计年鉴（2001）》。

我国也不例外。2003 年以来，我国固定资产投资率基本维持在 27% 左右，远高于西方发达国家、发展中国家乃至欠发达国家同期固定资产投资率。历史证明，我国已由要素驱动发展战略转为投资驱动追赶战略。2003～2007 年，我国经济增长率从 10.04% 上升至 14.23%，实现五年持续攀升。显而易见，投资驱动推动了我国经济持续高速增长，使我国成功迈入中等收入国家行列。

然而，无论是要素驱动还是投资驱动，都属于粗放型经济增长方式。虽然取得了高速增长的可喜成绩，但也付出了环境破坏严重的惨痛代价。尽管在改革初期的特殊历史阶段，利用外延式经济增长方式实现经济高速增长符合比较优势原则，也符合我国基本国情，但是高投入、高消耗、高污染的粗放型经济增长方式必然会带来一系列衍生问题，如资源枯竭、环境污染、水土流失、生态恶化、疾病高发等。其中，影响最突出的是环境污染问题。《中国生态环境状况公报（2019）》报告显示，2019 年，337 个城市累计发生严重污染 452 天，与上年相比略有减少，但中度污染累计发生 1666 天，比上年增加 88 天。若不扣除沙尘影响，337 个城市环境空气质量达标城市比例 42.7%，超标城市比例 57.3%。由此可见，粗放型经济增长方式诱发的生态环境问题异常严峻，环境治理已刻不容缓。因此，推进高质量发展，首要任务是加强环境污染治理，提升经济发展质量。

（二）环境规制与高质量发展的内在逻辑

众所周知，生态环境具有稀缺性和公共品双重属性。因微观经济主体存在机会主义和利己主义，环境保护单靠市场这只"看不见的手"必然会导致"市场失灵"，资源要素配置难以实现最优。因此，环境治理是一项复杂而艰巨的民生工程，必须借助政府这只"看得见的手"对微观经济主体行为进行约束与监督，以纠正"市场失灵"，使社会资源要素配置实现帕累托最优。实践证明，环境治理必须通过政府拟订适当的环境规制政策，以行政干预方式约束企业生产经营活动，坚决遏制偷排漏排超排等违法行为发生，减少污染排放，促进节能减排降耗，提高资源要素效率。

中国特色社会主义进入新时代，我国已跃居世界第二大经济体，迈入中等偏上收入国家行列。2019 年，我国人均国内生产总值首次突破 1 万美元，说明人民生活水平得到显著提升。迈入高质量发展新时代，建设人与自然和谐共生的现代化，既要创造丰裕的物质财富以满足人民日益增长的美好生活需要，也要提供更多优质的生态品以满足人民日益增长的优美生态环境需要。面对新形势、新任务、新要求，必须转变发展思路，推动经济增长数量的同时更加注重生态环境修复与保护，既要金山银山，也要绿水青山。因此，推进高质量发展，必须实施环境规制政策，倡导绿色发展方式和生活方式，降低能源消耗，减少污染排放，实现人与自然和谐共生。

然而，实施环境规制政策，表面上看只能满足人民日益增长的优美生态环境需要，而无法创造丰裕的物质财富以满足人民日益增长的美好生活需要。那么，环境规制政策能否有助于推动高质量发展？其实，环境规制的绿色效应倡导绿色发展理念，促进传统产业绿色转型，减少污染排放，提升生态环境质量。而环境规制的革新效应激励企业技术革新，调整与优化经济结构，淘汰落后产能，通过创新驱动培育经济增长新极核，提高经济增长数量和质量。所以，实施环境规制政策，对企业施加自然资源和生态环境约束，倒逼企业技术创新，转变经济发展方式，从要素驱动转向创新驱动，提高全要素生产率，提高经济增长数量和质量，推动高质量发展。不难发现，技术创新在环境规制对高质量发展的影响中发挥了中介传递作用。

四、高质量发展的动力机制：创新驱动效应分析

党的十八大以来，科技创新始终被摆在国家发展全局的核心位置，围绕实施创新驱动发展战略，加快推进以科技创新为主导的全面创新，党和政府提出了一系列新思想、新论断、新要求。党的十九大报告也明确提出要加快建设创新型国家，明确创新是引领发展的第一动力，是建设现代化经济体系的战略支撑。推动高质量发展，满足人民日益增长的美好生活需要和生态环境需要，创新是第一动力源泉。实施创新驱动发展战略，是适应国际国内形势变化、提高市场竞争力的必然选择，是加快转变发展方式、破解发展瓶颈的必然选择，是引领高质量发展新常态、建设现代化经济体系的必然选择。改革开放 40 多年，我国已跃居世界第二大经济体，社会生产力、综合国力、科技实力都迈上了一个新台阶。但同时，我国发展不平衡、不充分、不协调、不可持续问题依然突出，人口、资源、环境的压力也越来越大，必须从

要素驱动转向创新驱动，将创新作为发展的第一动力，坚持创新引领发展，发挥创新驱动效应，为推动高质量发展培育经济增长新极核。

（一）　创新驱动效应的微观机制分析

根据熊彼特对技术创新的定义与分类，技术创新分为产品创新、工艺创新、市场创新、要素创新和组织创新（熊彼特，1991）。关于技术创新对高质量发展驱动效应的微观机制分析，本节将从经济增长数量和质量两方面进行论述。首先，企业通过要素创新提高要素组合与利用效率，降低企业生产成本，提高企业竞争优势，提升经济增长数量。这种以低成本优势提升经济增长数量被称为"低成本效应"。其次，企业通过产品创新提高产品质量、研发高品质新产品等方式拓展新的消费空间，提高市场占有率，提升经济发展质量。这种以高品质优势提升经济发展质量被称为"高品质效应"。

1. 低成本效应分析

（1）提高要素组合效率。企业通过对各种不同生产要素的配置比例或要素组合形式进行对比分析，调整与优化要素组合配置，提高要素组合效率，从而增加单位要素产出水平。因此，在要素组合投入固定的条件下，企业的产出水平提高。在市场投入—产出比固定的假设前提下，企业通过要素创新，提高要素组合效率，以低成本优势获取创新补偿收益，实现企业经济利润增加，提高经济增长数量。

（2）提高要素利用效率。企业通过提高单个生产要素投入—产出效率，提高要素利用效率，提高企业生产率。但是，产品的性能和质量并未发生本质变化。企业开展要素创新，提高了要素利用效率，使单位产品要素投入量减少，降低了企业生产成本。在市场价格不变的假设前提下，降低企业生产成本必然会提高经济利润。此时，企业通过扩大再生产，以低成本优势攫取市场超额利润，提高企业经济绩效，提高经济增长数量。

2. 高品质效应分析

（1）研发高品质新产品。企业根据不同消费群体对消费市场进行市场细分，研究中高端消费群体的消费心理和高品质消费群体的消费偏好等行为特征，提高新产品的高质量定位，研发高品质产品迎合中高端消费群体的需求偏好，实现产品差异化。新产品展现了品质高、性能好、功能全等诸多优点，相比其他产品，能更好地满足中高端消费群体的潜在需求，为开拓新的中高端消费市场、提高市场占有率创造了有利条件。创新生产高品质产品，增加了中高端消费群体的有效供给，以高品质优势创造丰厚的经济利润，提升经济发展质量。

（2）提升现有产品质量。企业根据消费者市场需求的变化，对现有产品在技术升级、功能更新、性能提升等方面进行产品创新，提高产品质量，提升产品的认知度和品牌价值。通过产品质量创新，产品的性能、品质和功能得到明显改善，高质量产品能显著提升消费者认可度，满足高品质消费者的需求偏好，扩大产品的受众面，以高品质优势拓宽消费市场空间，扩大市场有效需求，促进经济发展质量提升。

（二）创新驱动效应的宏观机制分析

改革开放以来，我国不断深化经济体制改革，先后经历了从转变经济增长方式、到转变经济发展方式、再到创新经济发展方式的演变过程，试图通过经济体制改革提升经济发展质量（任保平，2018），但是改革效果甚微，经济增长仍然依靠要素驱动和投资驱动的粗放型经济增长方式。党的十八大报告指出，"加快形成新的经济发展方式，把推动发展的立足点转到提高质量和效益上来，着力激发各类市场主体发展新活力，着力增强创新驱动发展新动力，着力构建现代产业发展新体系"，首次明确提出了加快形成新的经济发展方式，增强创新驱动发展新动力，为实施创新驱动发展战略创造了基础前提。

进入高质量发展新常态，世情和国情都发生了深刻变化。以"低成本优势"为依托的要素驱动方式的旧动能渐趋耗竭，以"高储蓄低消费"为支撑的投资驱动方式的发展阶段早已一去不返。因此，过去依靠劳动、资本和资源要素投入的传统粗放型经济增长方式已难以为继，必须转变经济发展方式，从要素驱动和投资驱动转向创新驱动，为新旧动能转换提供动力支撑。改革开放以来，长期粗放型经济增长方式导致我国经济结构失衡，主要表现在自主创新能力不足、资源利用效率不高、服务业发展相对落后等。面对要素成本"拼不过"、出口需求"拉不动"、粗放发展"走不通"的新形势、新挑战、新机遇，必须加快优化与调整经济结构，深化供给侧结构性改革，促进经济结构均衡发展。因此，对技术创新对高质量发展驱动效应的宏观机制分析，本节主要围绕转变发展方式和优化经济结构两个方面进行论述。

1. 转变发展方式

（1）开发绿色能源。进入后工业时代，我国面临不可再生资源短缺、生态环境恶化、气候环境变暖等发展难题，能源革命应运而生。发展绿色低碳经济，转变经济发展方式，从要素驱动和投资驱动转向创新驱动，是推动高质量发展的重要途径。迈入新时代，我国需要贯彻创新、协调、绿色、开放、共享的新发展理念，以绿色技术创新促进绿色经济发展，大力开发低碳技术和绿色能源，推广高效节能技术，强化对绿色低碳能源开发与利用，减少不可再生资源消耗，降低碳排放量，提高生态环境质量，提升经济发展质量。

（2）提高资源利用率。过去由于节能技术落后，能源利用效率偏低，导致高投入、高耗能、高污染的粗放型经济增长方式向集约型发展方式转变异常艰难。因此，需要通过开展节能技术创新，推广节能减排降耗技术，提高资源要素利用率，减少不可再生资源消耗，发展低能耗、低污染、低排放的绿色低碳经济，提升经济发展质量。不仅如此，还要提高资源利用率，以低成本投入获取更高的产出效率，提高经济增长数量。

2. 优化经济结构

（1）优化需求结构。现阶段，我国经济正处在由高速增长转向中高速增长的换挡期，经济下行压力持续增大，市场需求低迷与产能供给过剩并存，经济发展结构性矛盾异常突出。因此，阻碍我国经济持续稳定增长的根源是供需结构错位，导致供需关系存在严重的结构性失衡，总体上表现为中低端产品供给过剩与高端高质量产品供给不足。因此，需要实施创新驱动发展战略，深化供给侧结构性改革，重点在"破""立""降"上下功夫，破除无效供给，培育经济增长新动能，降低制度性交易成本，不断优化国内市场需求结构，推动供需结构实现新的动态平衡。

（2）优化产业结构。我国经济发展进入高质量发展新阶段，传统粗放型产业发展模式与当前经济社会发展环境不相适应，必须通过技术创新进行产业结构升级与改造。其实，传统产业并非落后产业，只要科学合理地利用技术创新进行产业结构优化与升级，多数都能重新焕发勃勃生机，促进经济高质量发展。不仅如此，利用科技创新培育和发展战略型新兴产业，从"大国制造"向"强国智造"迈进，才能在国际竞争中占得先机，赢得主动。因此，需要调整与优化传统产业结构，培育战略性新兴产业发展，以创新驱动优化产业结构，提升经济发展质量。

五、高质量发展的实现机制：部门间分析

建设人与自然和谐共生的现代化，不仅要提高经济增长数量，创造丰裕的物质财富以满足人民日益增长的美好生活需要，而且也要提升经济发展质量，提供更多优质生态品以满足人民日益增长的优美生态环境需要。因此，实现高质量发展，必须要借助环境规制政策，约束企业生产与排污行为，减少污染排放，提高生态环境质量。同时，也需通过技术创新提高资源要素效率，提升经济增长数量和质量。因此，开展环境规制、技术创新和高质量发展部门间的影响机制分析，有助于发挥环境规制的政策效应和技术创新的驱动效应，推动经济高质量发展，实现经济社会可持续发展。

（一）环境规制对高质量发展的影响机制

本节将从环境规制的内在属性，以及高质量发展的实践路径角度，分别论述环境规制对高质量发展的影响机制。

1. 环境规制的内在属性角度

高质量发展的核心是发展质量和效益，不仅要表现在经济增长上"量"的积累，更要表现在经济发展上"质"的提升。环境规制以方针政策为导向，倡导绿色发展理念，推动科技改革创新，提升经济发展质量，推进高质量发展。因此，可归结为环境规制政策通过绿色效应和革新效应两种内在属性对高质量发展产生影响。

（1）绿色效应。随着我国经济快速发展，人民生活水平明显提高，人们不仅需要充裕的物质财富以满足日益增长的美好生活需要，还要优质的生

态资源以满足日益增长的优美生态环境需要。"推进绿色发展"是党的十九大报告中明确提出的要求,推进绿色发展是加强生态文明建设、实现人与自然和谐共生的必然要求,也是构建绿色低碳循环发展的现代化经济体系、实现经济高质量发展的重要举措。环境规制政策倡导绿色发展理念,推进资源节约与循环利用,鼓励传统产业绿色转型,不断提高绿色经济发展水平,实现经济发展与环境保护双重目标。

首先,环境规制的绿色效应通过减少污染排放,提升生态环境质量,恢复风景宜人的自然环境,创建美好和谐的居住环境,良好的生态环境有利于经济社会可持续发展,提升经济发展质量。其次,环境规制的绿色效应引导传统产业抓住绿色转型的重大发展机遇,促进企业绿色技术创新,提高全要素生产率,提高经济增长数量。最后,环境规制的绿色效应倡导绿色发展新理念,发展绿色低碳循环产业、清洁能源产业、节能环保产业,培育绿色经济增长新极核,促进绿色经济持续稳定发展。实践表明,环境规制的绿色效应对高质量发展产生了推动和促进作用。

(2)革新效应。随着不可再生资源短缺、"中等收入陷阱"风险累积和市场供需结构错位等问题日益突出,传统要素驱动和投资驱动的经济增长方式已难以为继,经济下行压力持续增加,我国经济已由高速增长阶段转向中高速增长阶段,进入高质量发展"新常态"。在高质量发展新时代,必须深化供给侧结构性改革,调整和优化经济结构,转变粗放型经济增长方式,通过创新驱动培育经济增长新极核。深化供给侧结构性改革,以"破""立""降"为重点,化解供需结构错位矛盾,推动形成更高水平的供需动态平衡。

首先,环境规制的革新效应关键在"破",破除无效供给,淘汰落后产能,减少污染排放。所以,环境规制政策在短期内可能会引发重污染型传统产业集中退市、结构性失业剧增、经济发展滞缓等社会问题,阻碍经济高质量发展。其次,环境规制的革新效应是利用政府"有形之手"和创新"手术刀"对供需错位的经济结构"剜瘤排毒",必定会带来改革阵痛。但从长远发展视角看,将有助于提高资源要素效率,提升经济发展质量,推动高质量发展,所以,环境规制的革新效应在短期内不利于提高经济增长数量,抑制经济高质量发展。长期则既能提高经济增长数量,也能提升经济发展质量,推动高质量发展。

因此，环境规制对高质量发展的影响机制取决于环境规制的绿色效应和革新效应的大小与方向。短期内，环境规制的绿色效应促进高质量发展，革新效应抑制高质量发展，总效应取决于环境规制双重属性对高质量发展的影响孰重孰轻。从长期看，环境规制双重属性对高质量发展均发挥正向促进作用，齐力推动高质量发展。

2. 高质量发展的实践路径层面

（1）提质增效。随着中国特色社会主义进入新时代，传统经济增长方式已不再适应当前我国经济社会发展需要，追求高质量发展是中国特色社会主义新时代的必然选择。环境规制是政府治理环境污染最直接的手段，也是提升生态环境质量的有效政策措施。首先，提高环境规制政策强度，减少污染排放，提升经济发展质量。其次，严格的环境规制政策倒逼企业技术创新，调整与优化经济结构，提高资源要素效率，提升经济发展质量。所以，实施严格的环境规制政策，有利于促进企业技术创新，提升经济发展质量和效率。因此，从提质增效路径看，环境规制对高质量发展具有正向促进作用。

（2）创新驱动。中国特色社会主义进入新时代，我国经济正处在从数量扩张型转向质量提升型的攻关期，要素驱动和投资驱动经济增长的传统模式在经济高质量发展中遇到了发展瓶颈，创新驱动已成为高质量发展的第一动力。根据"波特假说"理论，严格且适当的环境规制可以激励企业绿色技术创新，提高企业生产率，提升经济发展质量。其实，环境规制通过市场准入、技术标准和排放许可证等方式和手段激励企业自主创新，以技术创新驱动绿色发展，提高资源要素效率，提升生态环境质量。通过拟订与实施适当的环境规制政策，激励企业技术创新，提高技术要素效率，推动新旧动能转换和经济结构升级，不断激发市场活力和企业创造力，有利于推进经济高质量发展。所以，从创新驱动路径看，适当且严格的环境规制有利于提高技术要素效率，提升经济发展质量，推动经济高质量发展。

（3）结构调整。随着环境规制不断增强，供需结构错位的经济结构已难以适应我国社会生产力发展要求，必须严控污染密集型传统产业发展，深化供给侧结构性改革，淘汰落后产能，减少污染排放。调整与优化经济结构，有助于推动传统产业结构优化升级，培育和发展经济增长新动能，实现新旧动能稳定有序转换。经济结构调整不仅能提高全要素生产率，提高经济增长数量，而且也能改善环境质量，提升经济发展质量，从经济增长数量和质量层面上齐力推进经济高质量发展。可以说，调整经济结构是实现经济绩效和环境绩效协同发展的重要途径（蔡乌赶和周小亮，2017）。诚然，环境规制有助于调整与优化经济结构，实现以减排促转型，以转型促改革，以改革促发展。但同时也可能会对经济结构调整产生负向作用（何兴邦，2018）。环境规制遵循成本效应对调整和优化经济结构产生资金挤出效应，阻碍了经济结构调整。所以，从结构调整路径看，环境规制对高质量发展的影响存在两种对立效应，总效应因环境规制强度不同而存异。

（4）绿色发展。环境规制作为社会性规制的一项重要内容，是政府通过制定相应的环境政策措施对企业生产经营活动进行适当调节，以实现生态环境和经济发展相协调的目标（张红凤和张细松，2012）。绿色发展的本质是解决和处理好人与自然和谐共生的问题。可见，环境规制的政策导向与绿色发展的本质内涵是一脉相承的。首先，绿色发展是在自然资源禀赋和生态环境承载范围内，利用绿色科技创新实现传统产业绿色转型，通过产业间循环互动促进资源回收利用，实现生态、经济与社会持续稳定发展（何爱平等，2018）。其次，绿色发展同时兼顾环境保护与经济发展，既能创造丰裕的物质财富以满足人民美好生活需要，又能提供更多优质生态品以满足人民对美好环境的需要，提高居民幸福感和获得感。由此可见，绿色发展是实现经济高质量发展的重要途径和必由之路。

（5）对外开放。对外开放是构建我国现代化经济体系的重要政策举措，也是实现经济高质量发展的必然要求。随着我国工业化发展进入中后期，积极调整对外开放战略决策，以更高水平、更深层次地利用外资、人才和技术，增强创新驱动能力，提升资源配置效率，推动经济高质量发展。实施环境规制政策，不仅是优美生态环境的保障，也是优良产业环境的保证，以优美的生态环境和优良的产业环境培育优质生态品，扩大对外经济贸易，提升国际市场竞争力，提高经济社会发展水平。研究显示，外商直接投资的技术溢出效应能显著提高产业技术水平，促进经济增长（孙雅娜，2005）。但同时也要看到，对外开放对绿色经济增长还存在抑制作用（孙瑾等，2014），外商直接投资与绿色经济绩效的影响完全取决于环境规制强度、环境治理投入、外资准入政策等（桑百川和张彩云，2018）。因此，扩大对外开放，要正确区分利弊，通过提高环境规制强度，实施严格的外资项目环境评价准入制度，积极鼓励技术型与环保型产业利用外商直接投资，提高对外开放对环境绩效和经济绩效的贡献率，提高经济增长数量和质量，推动经济又好又快发展。

（6）民生保障。发展的根本目的在于增进民生福祉。要实现高质量发展，必须坚持在发展中保障和改善民生，在发展中补齐民生短板，促进社会公平正义，提高居民幸福感、获得感和归属感。保障和改善民生，保证人民在发展中享有更多的获得感，不断促进人的全面发展，实现共同富裕。一方面，加强环境规制政策监管，实行严格的环境保护制度，坚持绿色发展方式和生活方式，为人民创造良好的生产生活环境，提升居民幸福感。另一方面，实施严格的环境规制，约束企业生产与排污行为，减少污染排放，提高生态环境质量，改善人民生活环境，有助于增强人们心理和身体健康。而且，严格且适当的环境规制激励企业技术创新，提升技术效率和经济效率，提高经济增长数量，提升居民收入水平。因此，环境规制不仅能留住"绿水青山"，也能创造"金山银山"，实现经济数量和质量均衡协调发展的双重目标，从民生保障路径上提高居民获得感和幸福感，推动高质量发展。

高质量发展不仅包含提高经济增长数量，而且还包含提升经济发展质量，是经济增长数量和质量的有机统一（任保平，2012）。所以，环境规制对高质量发展的影响程度与方向，取决于环境规制对经济增长数量和质量的作用孰重孰轻。因此，实施环境规制政策，要把握适度原则，既要保持经济中高速增长，提高经济增长数量，又要加强生态环境保护与修复，提升经济发展质量，实现经济数量增长和质量提升的双重目标，推动高质量发展。

（二）环境规制对技术创新的影响机制

根据环境规制对技术创新的影响关系，本节将从环境规制对技术创新影响的促进和抑制作用两个方面进行论述。

1. 环境规制抑制技术创新

基于完全理性假设和静态视角的传统学派，以新古典经济增长理论为依据，认为严格的环境规制将污染负外部性成本内化于生产成本，以纠正"市场失灵"。企业为了满足环境政策要求，必须投入大量资金用于环境治理，减少污染排放，导致环境规制的遵循成本挤占技术创新资金，降低企业竞争力，从而抑制技术创新。

（1）资金挤出效应。在宽松的环境规制约束下，企业为了满足环境政策要求，必然要投入大量资金采购先进的污染净化设备进行污染减排与防治，减少污染排放。在企业资本存量固定的前提下，污染治理投资对创新资金产生挤出效应。然而，倘若企业不顾政府对环境污染的管制与监督，继续肆意偷排漏排超排，则可能会面临经济罚款、限期整改、停产整顿等处罚措施，也会带来巨额经济损失，对创新资金也会产生资金挤出效应。所以，无论企业是否购置污染净化设备进行末端治理，环境规制对技术创新资金都会产生挤占作用，即环境规制的遵循成本必然会挤占创新资金，产生资金挤出效应，抑制技术创新。

（2）生产约束效应。严格的环境规制政策将污染负外部性成本内化于生产成本，相当于在生产决策预算线上施加一个新的政策约束，缩小生产决策集，增加生产和管理难度（Christiansen and Haveman，1981；Gray and Shadbegian，1993；谢垩，2008；郭红燕和刘民权，2010）。一方面，随着环境规制不断增强，环境规制的遵循成本逐渐增加，导致生产成本预算不断提高。面对国内外竞争市场外部环境的不确定性，企业唯有尽可能地减少产量以规避风险，降低市场竞争力（Gray and Deily，1996；Walley and White-head，1994；陈路，2017）。另一方面，环境规制间接地抬高了生产要素价格，直接影响到企业生产与创新资金，束缚了企业生产决策行为，形成生产约束效应，阻碍了企业扩大再生产，导致企业产量不升反降，利润也随之降低（刘倩楠，2018）。不仅如此，利润下降还通过链式反应，降低创新资金投入，抑制技术创新。

（3）空间溢出效应。我国环境规制政策的总体目标是通过宏观调控控制污染排放总量，由地方政府拟订并出台具体的政策执行标准。我国不同地区的生态资源禀赋与经济发展水平存在较大差异，环境规制政策执行标准也不统一。严格的环境规制使企业承担了高昂的污染治理成本，增加了企业生产成本，导致企业竞争力在激烈的市场竞争环境中不断降低（蒋伏心等，2013）。为了规避严格的环境规制政策约束，以降低环境规制的遵循成本对企业生产经营和技术创新的影响，企业往往选择由强规制区域向弱规制区域进行产业空间转移，以减少污染负外部性成本支出，凸显成本优势，提高市场竞争力。若企业处在严格的环境规制政策中，面临增加技术创新投资和跨区域产业转移二重抉择时，企业可能会减少技术创新投资，继而选择向弱规制区域产业转移，产生空间溢出效应。因此，环境规制对技术创新的空间溢出效应有助于降低生产成本，但不利于技术创新（王文普和印梅，2015）。

（4）风险规避效应。在环境规制政策约束下开展技术创新，既要通过生产技术创新提高技术要素效率，又要利用治污技术创新减少污染排放，实现双重目标，无疑增加了技术创新风险（张倩，2016a），如技术风险、市场风险、效益风险等。众所周知，不管是生产技术创新，还是治污技术创新，都必须建立在大量科研人员和创新投资的基础上，需要耗用企业的人、财、物等各种资源。不仅如此，创新的研发周期、成功率、成果推广等都存在不确定性，也增加了技术创新风险。除此以外，技术创新还面临着外部市场环境变化莫测的不确定性风险。随着世界多极化发展日益加剧，国内外宏观环境瞬息万变，行业市场微观环境也是风云变幻，因市场不确定性、信息不对称以及信息搜寻成本等原因，都增加了技术创新的潜在风险（刘倩楠，2018）。因此，在环境规制政策约束下，面对诸多不确定性因素，中小企业多数选择保守策略以规避不确定性风险，形成风险规避效应，抑制技术创新。

（5）政府寻租效应。实施环境规制政策，增加了污染治理投资，挤占了生产成本，使企业生产经营困难陡增。若企业不严格履行环境规制政策要求，依然超标超量排放，或偷排漏排超排，一旦被环境监管部门发现，将面临经济罚款、停产整顿等处罚措施，造成巨大经济损失。所以，企业唯有开展环境污染治理，减少污染排放，以达到环境规制要求。但是，污染治理需要雄厚的物质资本为保证，而大部分中小企业的经济基础薄弱，根本无力承担高昂的污染治理成本。因此，当中小企业面临超额经济罚款或行政处罚时，可能会滋生政府寻租行为。企业为追求利润最大化的经济目标，只要污染治理成本或者经济罚款高于政府寻租成本，企业可能会选择政府寻租行为，产生政府寻租效应，抑制企业技术创新。

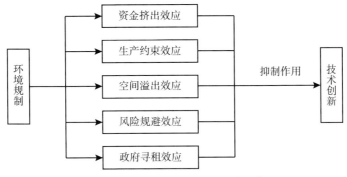

图 3 - 1　环境规制抑制技术创新的影响机理

2. 环境规制促进技术创新

基于动态视角的创新学派最具代表性的学者波特提出，从长期和动态层面分析，适当的环境规制可促进企业自主创新，通过生产技术创新、治污技术创新等方式，提高企业生产率，减少污染排放量，获取技术创新补偿收益。因此，适当的环境规制不仅有利于技术创新，还有助于实现环境保护与经济增长"双赢"。

（1）创新补偿效应。随着环境规制日益增强，政府对企业节能减排的要求越来越高，企业必须采取措施严控污染超标超量排放，力求达到环境规制标准。虽然企业采取事后治理方式在宽松的环境规制政策环境中能有效解决污染超标超量排放的问题，但在严格的环境规制约束下事后治理方式的治污效果却难以保证。短期看，事后治理方式能初步达到预期效果，但从长远看，事后治理方式不仅治污效果不如尽人意，而且治污资金也不能实现利润增长。因此，在严格环境规制约束下，事后治理方式的超额治污成本以及治污效果呈边际递减趋势，倒逼企业选择事中治理方式，增加技术创新投资，提高全要素生产率，减少污染排放，从而产生创新补偿效应。因此，环境规制的创新补偿效应对技术创新产生促进作用。

（2）绿色补贴效应。政府通过环境规制政策约束企业生产与排污行为，将污染负外部性成本内在化以纠正"市场失灵"，增加了企业生产成本，导致中小（微）型企业生产经营困难陡增。为了鼓励企业践行绿色发展理念，推进节能减排降耗，与环境规制政策同时配套出台促进企业绿色技术创新的支持性政策，如重点扶持绿色技术创新，加大对绿色产业投资等（赵忠诚，

2018）。不仅如此，政府还对中小企业开展绿色技术创新推行税收优惠与减免等惠民政策，对引进国外高精尖技术的先进设备给予资金补贴，对研发和推广新能源技术的企业在资金需求上优先发放贷款等，这些绿色补贴政策对中小企业开展绿色技术创新提供了资金支持，切实解决了中小（微）企业自主创新资金不足的难题，从而绿色补贴效应激发了企业绿色技术创新的积极性。

（3）技术溢出效应。随着经济全球化和经济一体化发展，各国之间的经济贸易往来日益频繁，国家与国家之间如此，企业与企业之间更是如此。改革开放以来，外商直接投资对我国经济增长发挥了重要的促进作用。一方面，外商直接投资增加了资金存量，加速资本积累，提高投资水平，对促进经济增长数量发挥直接推动作用。另一方面，外商直接投资发挥模仿示范效应和技术溢出效应促进技术进步，对提升经济发展质量发挥间接促进作用。通过外商直接投资或中外合资办企等方式，汲取国外先进技术，利用技术溢出效应加速企业自身技术创新，提升自主技术创新能力。当然，政府也会利用环境规制政策适时调整外资企业进入壁垒，重点引进技术密集型、绿色创新型的产业（余茜，2018）。当前，积极的开放政策为外商直接投资营造了良好的营商环境，外商直接投资不仅为企业解决技术创新融资难的问题，而且通过市场竞争、示范效应、人员培训以及前后向关联等渠道产生技术溢出效应，间接提升了企业技术创新能力（张美月，2018；蒋伏心等，2013）。

（4）产业集聚效应。随着人们环保意识逐渐增强，政府对环境的管制也日益增强，过去依靠要素投入粗放型发展的企业，倘若不加快转变经济发展方式，开展自主技术创新，提高全要素生产率，未来必将难以为继，最终在市场竞争中淘汰出局。进入高质量发展新时代，具有良好的市场竞争力和发展空间的技术密集型企业必将获得更多发展机会，绿色可持续发展是实现经济高质量发展的必由之路。政府通过拟订和实施环境规制，对排放不达标、技术工艺落后的重污染型企业通过行政命令强制以"关停并转"的方式退出市场，同时引导企业通过联合收购、兼并重组等方式扩大企业规模，形成规模效应。不仅如此，还可以促使企业向特定区域聚集，形成产业集聚效应，提升产业核心竞争力，促进技术创新（殷宝庆，2013）。

（5）人才积累效应。提升技术创新能力，人才是关键。人才是创新的动力源泉，也是核心要素。人才引领创新，创新驱动发展。技术创新本质上是新旧知识更替的过程，以多种要素投入为保障，如研究与开发人员、研究与开发经费、先进仪器设备等。研究与开发人员作为技术创新的核心要素，对加快技术创新，提高全要素生产率发挥着极其重要的作用。首先，人才积累是提升技术创新能力的动力源泉。国家科创能力水平，取决于高层次人才的储量，高精尖人才储量越多，科技进步则越快。其次，创新型人才对新知识、新技术的汲取、吸收、转化能力决定了技术创新的速度。严格的环境规制对生产与治污技术都提出了更高要求和标准，企业通过加快创新型人才培养与引进，发挥人才积累效应，提高技术创新水平，减少污染排放，推进经济高质量发展。所以，环境规制促使企业加强创新型人才培养与引进，发挥人才积累效应，促进技术创新。

环境规制促进技术创新的影响机理如图 3 – 2 所示。

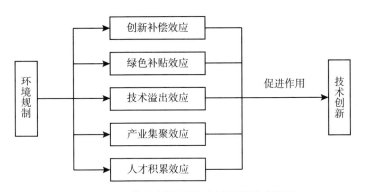

图 3 – 2　环境规制促进技术创新的影响机理

（三）技术创新的中介驱动效应

如上文所述，技术创新在环境规制对高质量发展的影响机制中发挥了中介驱动效应。那么，技术创新中介驱动效应的影响机制又将如何呢？其实，技术创新在环境规制对高质量发展影响中是否发挥中介驱动效应，关键在于环境规制对技术创新的影响。若环境规制对技术创新产生促进作用，则技术创新对高质量发展发挥中介驱动效应，从而环境规制有利于推动高质量发展。实践证明，严格且适当的环境规制政策有助于促进企业技术创新，进而推动高质量发展。假如环境规制对技术创新产生抑制作用，那么，技术创新在环境规制对高质量发展影响中难以发挥中介驱动效应。因此，环境规制不利于推动高质量发展。事实表明，过于宽松的环境规制不利于企业技术创新，导致技术创新对高质量发展也无法产生中介驱动效应，从而环境规制抑制高质量发展。但是，过于严格的环境规制虽然抑制企业技术创新，但企业依然会继续开展技术创新，只是随着环境规制强度不断增大，技术创新投入逐渐降低。所以，技术创新在环境规制对高质量发展影响中仍能发挥中介驱动效应。因此，环境规制对高质量发展产生促进作用。

技术创新的中介驱动效应见图 3 - 3。

图 3 - 3　技术创新中介传递效应路径

因此，通过拟订严格且适当的环境规制政策，促进企业技术创新，提高资源要素效率和技术要素效率，减少污染排放，提升经济发展质量和效益，实现经济数量稳定增长和经济质量稳步提升的"双重目标"，推动高质量发展。

基于上述环境规制、技术创新和高质量发展部门间的影响机制分析，本书的理论框架结构如图 3 - 4 所示。

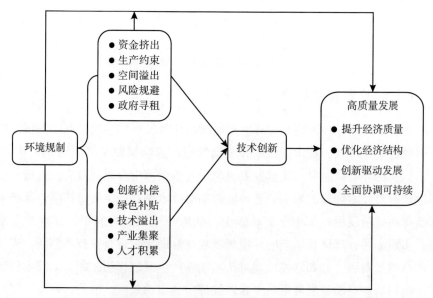

图 3 - 4　环境规制、技术创新、高质量发展影响机制理论框架

六、本章小结

高质量发展理论是现代经济发展史上的重大理论创新，凝聚了习近平新时代中国特色社会主义经济思想的核心内容。本章围绕高质量发展理论展开多角度、深层次讨论，分别对演进过程、理论基础以及机制分析等方面进行深入分析。

一是高质量发展理论的演进与比较。首先，经济增长理论的演进过程。古典经济增长理论认为，经济增长主要依靠资本和劳动等生产要素投入驱动。新古典经济学家将技术进步作为经济增长的外生条件，且视为经济增长理论的决定因素。新经济增长理论建立了一个内生技术进步的长期经济增长模型，认为新知识是经济增长的内生动力。其次，经济发展理论的演变过程。将经济发展理论分为发展初期、变革时期和融合时期，并对每个时期内形成的经济发展理论分别进行阐述。最后，高质量发展理论的孕育历程。根据我国经济发展的历史经验总结，全方位概述我国经济发展思想、理念和战略，并利用逻辑演绎形成高质量发展理论。

二是高质量发展的分析基础。首先，论述了高质量发展理论提出的时代背景。其次，根据经济增长阶段与高质量发展阶段的不同特点，概括了高质量发展的基本特征，分别是提升经济质量、优化经济结构、创新驱动发展、全面协调可持续，并从这四个方面分别展开论述。最后，从自然资源和生态环境约束两方面论述了实现高质量发展的约束条件。

三是高质量发展的内生、动力与实现机制。首先，从粗放型经济增长方式与环境污染入手，分析认为环境治理是高质量发展的必要条件。其次，实现高质量发展，必然要加强环境治理，提出实施环境规制政策的必要性，而技术创新在环境规制对高质量发展影响中发挥着中介驱动效应。再次，创新是高质量发展的第一动力源泉，从创新驱动效应的微观与宏观层面分析技术创新中介驱动效应的作用机制。最后，探讨环境规制、技术创新和高质量发展部门间的影响机制，从环境规制与高质量发展、环境规制与技术创新以及技术创新的中介驱动效应分析了高质量发展的实现机制。

第四章

环境规制对高质量发展的影响及空间溢出效应研究[*]

环境规制对高质量发展的影响及空间溢出效应研究[*]

一、引　言

改革开放 40 多年来，我国经济增长创造了世界经济发展史上的"中国奇迹"。国家统计局数据显示，1979~2018 年我国 GDP 年均增长率为9.4%，对世界经济增长年均贡献率达 18%，仅次于美国，位居世界第二。经济发展固然可喜，但环境恶化却令人不安。过去依靠高投入、高消耗、高污染的粗放型经济增长方式已造成资源过度开发和消耗，生态环境受到严重破坏，环境污染急剧恶化成为制约经济发展的瓶颈，也是实现经济高质量发展必须根治的毒瘤。显然，推进高质量发展，必定要改善环境质量。然而，因环境公共品属性、环境污染负外部性以及微观经济主体机会主义等因素影响，单靠市场机制发挥自身调节作用难以有效遏制污染排放，必须借助政府环境规制政策约束纠正"市场失灵"。所以，环境规制对于推动经济高质量发展显得尤为重要。

环境规制作为社会性规制的一项重要内容，是政府开展环境治理的重要干预举措，对发展绿色低碳经济具有重要影响。一方面，环境规制要求企业将污染排放控制在生态环境可承载范围内，有助于生态环境自我净化，实现

　　* 本章原以《环境规制对高质量发展的影响及空间溢出效应研究》为题发表于《经济问题探索》2020 年第 5 期，作者为石华平、易敏利。

环境永续循环利用和经济可持续发展。另一方面，环境规制有利于促进企业技术创新，提高资源配置效率，实现社会福利最大化。虽然环境规制政策在环境治理、资源配置、社会福利等方面都发挥了积极作用，推动了经济高质量发展。但毋庸置疑的是，严格的环境规制对经济增长表现出消极的影响。传统学派抑制论学者提出，环境规制间接地提高了生产要素价格，不可避免地增加了企业生产成本，降低了市场竞争力，抑制经济增长数量。简言之，环境规制虽能有效遏制企业污染排放，改善生态环境质量，提升经济发展质量，但也会因遵循成本效应而抑制经济增长数量。那么，基于污染治理导向的环境规制对经济增长数量和经济质量提升的综合影响评价如何，值得深入探讨。

现有文献关于环境规制与经济增长的研究主要围绕以下三种观点展开论述。（1）抑制论或"遵循成本假说"。传统学派基于静态视角分析认为，环境规制将污染负外部性成本内在化，增加企业生产成本，迫使企业改变最优生产决策，降低企业生产率，抑制经济增长（Gollop and Roberts，1983；Gray，1987；Jorgenson and Wilcoxen，1990；赵霄伟，2014；张林姣，2015）。（2）促进论或"创新补偿假说"。创新学派基于动态视角研究认为，适当且严格的环境规制促进企业技术创新，并通过创新补偿收益弥补甚至超过环境规制的遵循成本支出，促进经济增长（Porter，1991；Berman and Bui，2001；Hanmamoto，2006；封福育，2014；查建平等，2014）。（3）不确定论或"非线性假说"。从发展动态性角度看，环境规制对经济增长的影响并非呈纯粹的线性关系，可能是 U 形或倒 U 形关系（原毅军和谢荣辉，2016；熊艳，2011；唐晓华和孙元君，2019），主要取决于环境规制对经济增长的遵循成本效应和创新补偿效应谁占主导地位（蒋伏心等，2013）。

不难发现，上述文献大多数围绕环境规制对经济增长在数量方面的影响进行了深入研究，较少涉及经济发展质量层面。其实，经济高质量发展往往不仅仅只关注经济增长数量，而是更加注重经济质量提升。陶静和胡雪萍（2019）分析了环境规制对提升我国经济发展质量的促进作用，且存在区域异质性。王群勇和陆凤芝（2018）从门槛效应视角分析指出，低于门槛值时环境规制对经济发展质量的影响显著为正，高于门槛值时影响不显著。也有研究认为，宽松的环境规制对经济发展质量的影响不显著，唯有高于门槛值时环境规制对经济发展质量才表现出显著的提升作用（何兴邦，2018）。王晓红等（2019）利用城市面板数据分析认为，环境规制对城市发展质量存在显著的空间异质性。虽然上述文献从经济发展质量层面弥补了前期研究的空白，但却又忽视了对经济增长在数量层面的讨论。尽管黄清煌和高明（2016）讨论了环境规制对经济增长数量和质量的双重影响，但又割裂了经济增长在数量和质量层面上的辩证统一关系。其实，经济增长数量和质量是经济增长理论同一问题的两个不同方面（任保平，2013），必须同时兼顾讨论才能对推动经济高质量发展提供参考价值。

鉴于此，为弥补现有文献的不足，本章拟从不同角度融合经济增长数量和质量两个维度构建高质量发展综合评价指标体系，测算高质量发展综合评价指数，利用动态面板模型分析环境规制对高质量发展的影响。不仅如此，本章还利用动态空间 Dubin 模型进一步扩展讨论环境规制对高质量发展的空间相关性和异质性，以期为政府拟订适当的环境规制政策提供理论依据和决策参考，有助于推动经济高质量发展。

二、环境规制对高质量发展影响的数理分析

本节借鉴孙刚（2004）的建模思路，并根据本章研究内容对现有模型加以修改与创新，构建适合本研究的数理模型。假设存在一个封闭的经济体，由无数个无限期寿命（或有限寿命但世代延续）的同质消费者和厂商构成，且企业由消费者拥有。为了简化分析，在不考虑人口增长的前提下，将人口数量标准化为1。消费者对物质消费和环境质量产生效用，且消费者效用由物质消费和环境质量共同决定。假定环境质量（E）由现实环境质量与环境质量上限极值之差表示，所以 $E \leqslant 0$。其中，环境质量上限极值相当于无任何污染理想状况下的环境质量，环境质量下限极值可理解为遇到不可逆转毁灭性灾难的环境质量。由于现实环境质量必定不能低于环境质量下限极值，所以环境质量（E）也存在极小值（E_{min}），即 $E \in (E_{min}, 0]$。

本节将环境质量引入消费者效用函数中，则消费者效用函数可表述为：

$$U(C, E) = \frac{C^{1-\theta} - 1}{1 - \theta} - \frac{(-E)^{1+\sigma} - 1}{1 + \sigma} \quad (\theta > 0, \ \sigma > 0) \tag{4.1}$$

其中，C 表示物质消费，E 表示环境质量，且满足 $U_C > 0$，$U_{CC} < 0$，$U_E > 0$。θ 为风险规避系数，以消费者跨期替代弹性的倒数表示。σ 表示消费者对环境质量的偏好。

因此，消费者的福利函数可表示为：

$$W = \int_0^{+\infty} e^{-\rho t} U(C, E) d_t \tag{4.2}$$

其中，ρ 表示时间贴现率，$\rho > 0$。ρ 代表对未来利益的贴现程度，ρ 越大，对未来利益的贴现程度越严重，表明当代人对后代人的利益越漠视。ρ 越小则表明当代人对后代人的利益越关心。当 $\rho \to 0$ 时，表示当代人对后代人的利益高度重视。当 $\rho \to +\infty$ 时，表示当代人对后代人的利益完全漠视。

借鉴 Stokey – Aghion – 孙刚模型，社会总生产函数建立在 AK 模型的基础上，引入环境污染密度（z）。因此，拓展的社会总生产函数可表述为：

$$Y = AKz \quad (0 \leqslant z \leqslant 1) \tag{4.3}$$

其中，Y 表示社会总产出，A 表示技术进步，K 表示物质资本存量，z 表示环境污染密度。

社会总产出包含期望产出和非期望产出，非期望产出伴随社会总生产而产生，社会总产出越多，非期望产出越大，环境污染则越严重。因环境具有公共品属性，厂商为了实现利润最大化目标，便肆无忌惮地随意偷排漏排超排，增加环境污染密度，降低环境质量。为此，政府拟订环境规制政策遏制厂商污染排放，强制要求厂商在污染排放前必须做到先净化后排放，以符合环境规制政策要求，降低非期望产出，减少污染排放，提高环境质量。

一般而言，环境规制强度越大，污染排放量越少，环境质量则越高。所以，污染排放量（P）与社会总产出（Y）、环境污染密度（z）和环境规制强度（γ）相关。因此，污染排放量（P）可表示为：

$$P = Yz^{\gamma} \quad (\gamma > 1) \tag{4.4}$$

根据 $0 \leqslant z \leqslant 1$ 和 $\gamma > 1$ 可知，$P_z = \gamma Yz^{\gamma-1} > 0$，$P_{zz} = \gamma(\gamma-1) Yz^{\gamma-2} > 0$，

即环境污染密度越大，污染排放量越多，污染治理成本则越高，即污染治理成本随着污染排放量增加呈边际递增趋势。

环境质量的影响因素主要包含三种：（1）污染排放量（P）。污染排放量越大，环境质量越差。（2）环境治理投资（I）。环境治理投资越多，环境质量越好，环境质量与环境治理投资正相关，且满足环境治理规模报酬递增的规律（Andreoni and Levinson，2000；Managi and Kaneko，2009）。假设环境治理投资为 I，环境治理投资对环境质量改善的贡献为 $R(I)$，$R'(I) > 0$ 且 $\lim_{I \to \infty} R(I) = +\infty$。（3）环境自我净化率（$\varphi$）。生态环境本身具有自我净化功能，自我净化率为 φ。因此，环境质量的运动方程可表述为：

$$\dot{E} = -P + R(I) - \varphi E \tag{4.5}$$

即：

$$\dot{E} = -AKz^{\gamma+1} + R(I) - \varphi E \tag{4.6}$$

由于环境治理投资也可看作社会总产出的一部分，所以，物质资本积累方程可表示为：

$$\dot{K} = AKz - C - I - \delta K \tag{4.7}$$

社会计划者的目标是寻求消费者在无限期寿命内（或有限寿命但世代延续）的消费者效用最大化，即动态最优化问题可表述为：

$$\max U(C,E) = \max \int_0^{+\infty} e^{-\rho t} \left(\frac{C^{1-\theta} - 1}{1 - \theta} - \frac{(-E)^{1+\sigma} - 1}{1 + \sigma} \right) d_t \tag{4.8}$$

$$s.t. \quad \dot{K} = AKz - C - I - \delta K \tag{4.9}$$

$$\dot{E} = -AKz^{\gamma+1} + R(I) - \varphi E \tag{4.10}$$

现值 Hamilton 函数为：

$$H = \frac{C^{1-\theta} - 1}{1 - \theta} - \frac{(-E)^{1+\sigma} - 1}{1 + \sigma} + \lambda [AKz - C - I - \delta K] + \mu [-AKz^{\gamma+1} + R(I) - \varphi E]$$

$$\tag{4.11}$$

横截性条件（TVC）为：

$$\lim_{t \to \infty} \lambda K e^{-\rho t} = 0 ; \quad \lim_{t \to \infty} \mu E e^{-\rho t} = 0 \tag{4.12}$$

通常而言，在环境规制政策约束下，厂商将采取两种方式减少污染排放：一是先污染后治理的事后治理方式。这种方式通过购置污染净化设备对企业生产经营活动中产生的污染物进行末端治理，减少污染排放。二是边污染边治理的事中治理方式。这种方式是企业开展污染治理技术创新和清洁生产工艺创新，从源头减少污染物产生，降低污染排放。因此，本节分别就厂商的两种污染治理方式从数理模型角度探讨环境规制对高质量发展的影响。

（一）先污染后治理的事后治理

环境规制政策实施初期，环境污染密度较低，环境规制强度偏弱，且在某一时期内环境污染密度和环境规制强度基本维持不变。那么，只有通过增加环境治理投资，才能改善生态环境质量。

假定社会计划者设定一个环境规制强度极小值（γ_{min}），以及在该政策约束下环境污染密度极大值（z_{max}），厂商在最低环境规制强度的约束下，环境污染密度不能超过最大限度，即当 $\gamma = \gamma_{min}$ 时，$z \leqslant z_{max}$。因自然环境具有公共品属性，厂商承担环境污染负外部性的边际成本远低于社会总产出的边际收益。所以，以追求利润最大化为目标的厂商必定会选择最大限度地排放污染，即厂商最优的污染排放密度为 $z = z_{max}$。

首先，对式（4.11）两个控制变量 C 和 I 分别求偏导数，得到一阶条件：

$$C^{-\theta} = \lambda \tag{4.13}$$

$$\lambda = \mu R'(I) \tag{4.14}$$

其次，对式（4.11）两个状态变量 K 和 E 分别求偏导数，得到欧拉方程：

$$\dot{\lambda} = -Az_{max}\lambda + \mu Az_{max}^{\gamma_{min}+1} + (\rho + \delta)\lambda \tag{4.15}$$

$$\dot{\mu} = (-E)^{\sigma} + (\rho + \varphi)\mu \tag{4.16}$$

联合式（4.14）和式（4.15）可得：

$$\frac{\dot{\lambda}}{\lambda} = -Az_{max} + \frac{Az_{max}^{\gamma_{min}+1}}{R'(I)} + \rho + \delta \tag{4.17}$$

将式（4.17）代入式（4.13），并利用阿吉翁和霍维特（Aghion and Howitt，1992）提出效用函数可分性假设，即 U_C 和 U_{CC} 仅仅是关于 C 的函数，与 E 无关，并且跨期替代弹性不变（孙刚，2004）。从而得到最优消费路径为：

$$\frac{\dot{C}}{C} = \frac{1}{\varepsilon}\left[Az_{max} - \frac{Az_{max}^{\gamma_{min}+1}}{R'(I)} - \rho - \delta\right] \tag{4.18}$$

其中，$\dfrac{1}{\varepsilon} = -\dfrac{U_C}{U_{CC} \cdot C} = \dfrac{1}{\theta}$，表示跨期替代弹性。稳态均衡时，产出增长率、资本增长率和消费增长率都等于稳态经济增长率。即：

$$g = \frac{1}{\theta}\left[Az_{max} - \frac{Az_{max}^{\gamma_{min}+1}}{R'(I)} - \rho - \delta \right] \tag{4.19}$$

（二）边污染边治理的事中治理

随着环境规制政策逐步实施，环境规制强度不断提高，环境污染密度必定越来越低。若厂商仍采用先污染后治理的事后治理方式将难以满足社会计划者对环境规制的要求，从而倒逼厂商开展技术创新，减少污染产生和排放，提高资源要素效率，提升经济发展质量。

再对式（4.11）控制变量 z 求偏导，得到一阶条件：

$$\frac{\partial H}{\partial z} = \lambda AK - \mu(\gamma+1)AKz^{\gamma} = 0 \tag{4.20}$$

将式（4.14）代入式（4.20）中，得到：

$$R'(I) = (\gamma+1)z^{\gamma} \tag{4.21}$$

将式（4.21）代入式（4.19）中，可得：

$$g = \frac{1}{\theta}\left(\frac{Az\gamma}{\gamma+1} - \rho - \delta \right) \tag{4.22}$$

考虑到本书主要考察在技术创新中介作用下环境规制对高质量发展的影响，所以，本节将重点分析厂商利用技术创新进行污染治理，采取边污染边治理的事中治理方式的情形。

由式（4.22）不难看出，稳态经济增长率与风险规避系数 θ、时间贴现率 ρ 以及资产折旧率 δ 负相关，这与卢卡斯（Lucas，1988）模型的研究结论一致。但本书与其不同之处是扩展模型引入了环境规制强度和环境污染密度两个变量，使稳态经济增长率与环境规制强度相关。

当环境污染密度满足 $z > \dfrac{\rho+\delta}{A}$，且环境规制强度 $\gamma > \dfrac{\rho+\delta}{Az-(\rho+\delta)}$ 时，稳态经济增长率 $g > 0$，表明当环境规制强度高于 $\dfrac{\rho+\delta}{Az-(\rho+\delta)}$ 时，稳态经济增长率为正，环境规制对高质量发展的影响表现出正向促进作用。当环境规制强度 $\gamma < \dfrac{\rho+\delta}{Az-(\rho+\delta)}$ 时，稳态经济增长率 $g < 0$，表明当环境规制强度低于

$\dfrac{\rho+\delta}{Az-(\rho+\delta)}$时，稳态经济增长率为负，环境规制对高质量发展的影响表现出负向抑制作用。由此可见，环境规制强度 $\gamma=\dfrac{\rho+\delta}{Az-(\rho+\delta)}$，即为环境规制对高质量发展影响的拐点。

那么，环境规制对高质量发展的影响是否存在其他拐点呢？接下来，通过对式（4.22）中环境规制强度求偏导数，以进一步探明环境规制对稳态经济增长率的影响。

$$\frac{\partial g}{\partial \gamma}=\frac{Az}{(\gamma+1)^2}>0 \tag{4.23}$$

由式（4.23）可知，$\dfrac{\partial g}{\partial \gamma}>0$，表明环境规制对稳态经济增长率的影响呈边际贡献递增趋势。当 $\gamma<\dfrac{\rho+\delta}{Az-(\rho+\delta)}$时，环境规制抑制高质量发展，且随着环境规制强度逐渐降低，环境规制对高质量发展的抑制作用不断增强。当 $\gamma>\dfrac{\rho+\delta}{Az-(\rho+\delta)}$时，环境规制促进高质量发展，且随着环境规制强度逐渐增强，环境规制对高质量发展的促进作用越来越明显。不难发现，环境规制对高质量发展的影响仅存在唯一的拐点 $\gamma_0=\dfrac{\rho+\delta}{Az-(\rho+\delta)}$。综合而言，环境规制对高质量发展的影响表现出先抑制后促进的 U 形非线性动态特征。

三、高质量发展综合评价指标体系构建与测度

中国特色社会主义进入新时代，我国经济发展也进入了新发展时代，基本特征就是我国经济已由高速增长阶段转向高质量发展阶段。2017 年中央经济工作会议指出"推动高质量发展是当前和今后一个时期确定发展思路、制定经济政策、实施宏观调控的根本要求，必须加快形成推动高质量发展的指标体系、政策体系、标准体系、统计体系、绩效评价体系、政绩考核，创建和完善制度环境，推动我国经济在实现高质量发展上不断取得新进展"。在高质量发展新常态下，评价经济发展质量和效益，首要任务

就是全方位、多层次、高标准地构建高质量发展综合评价指标体系，科学准确地测度我国省级高质量发展综合评价指数，清晰地掌握地区发展不平衡不充分的现状，及时调整经济发展战略决策，合理拟订高质量发展的实践路径，促进区域协调发展，为提高经济发展质量和完善经济发展政策提供决策参考。

关于高质量发展综合评价指标体系的构建与测度，近年来学术界也进行了有益的探索。徐志向和丁任重（2019）以经济增长总量和新发展理念对我国省级经济发展质量指标进行了重构。赵德友等（2018）以收入与劳动产出水平及新发展理念构建了高质量发展综合指数。魏敏和李书昊（2018）利用10个子系统和53个指标测度了新时代我国经济高质量发展水平。不难发现，高质量发展既涵盖经济增长数量，也包含经济质量提升，是集经济增长数量和质量于一体的全面综合发展形态。基于此，本章分别从经济增长数量和质量层面着手，构建高质量发展综合评价指标体系。其中，经济增长数量以经济增长总量来衡量，经济质量提升以提质增效、创新驱动、结构调整、绿色发展、对外开放和民生保障等6个维度衡量，以全面、客观、准确地衡量高质量发展综合评价指标。

（一）综合评价指标体系构建

本节利用综合指标法构建包含1个目标层和3个指标层的高质量发展综合评价指标体系。紧扣创新、协调、绿色、开放、共享的新发展理念，以高质量发展综合评价指标为目标层，选取经济增长总量、提质增效、结构调整、创新驱动、绿色发展、对外开放和民生保障7个指标为一级指标层。其中：（1）经济增长总量衡量高质量发展的经济增长数量，以增长水平表示。（2）提质增效衡量高质量发展的要素效率，以资本效率和劳动效率表示。（3）创新驱动衡量高质量发展的创新贡献率，以创新投入、创新产出和创新贡献表示。（4）结构调整衡量高质量发展的结构调整与优化，以经济结构、城乡结构和分配结构表示。（5）绿色发展衡量高质量发展的绿色发展理念，以污染水平、绿化水平和绿色投资表示。（6）对外开放衡量高质量发展的开放程度，以对外开放和利用外资表示。（7）民生保障衡量高质量发展的共享发展理念，以生活水平、就业水平和医疗水平表示。三级指标层包含地区GDP占全国GDP的比重、资本生产率、劳动生产率等24个具体细化指标。其中，资本生产率等于地区 GDP 占全社会固定资产投资额的比重。劳动生产率等于地区 GDP 占全部从业人员数量的比重。居民城镇化率等于城镇人口数占总人口数的比重。城乡居民收入比等于城镇居民家庭人均可支配收入与农村居民家庭人均纯收入的比值。人力资本投入等于 R&D 人员占从业人员的比重。创新资本投入等于 R&D 内部经费支出占地区 GDP 的比重。R&D 人均专利申请授权量等于专利申请授权量与 R&D 人员的比值。

具体评价指标体系如表 4 – 1 所示。

表 4 – 1　　　　　　高质量发展综合评价指标体系

目标层	一级指标层	二级指标层	三级指标层	属性
高质量发展综合评价指标	经济增长总量	增长水平	地区 GDP 占全国 GDP 的比重	+
	提质增效	资本效率	资本生产率	+
		劳动效率	劳动生产率	+
	创新驱动	创新投入	人力资本投入	+
			创新资本投入	+
		创新产出	R&D 人均专利申请授权量	+
		创新贡献	单位地区 GDP 高技术新产品销售收入	+
	结构调整	经济结构	第三产业增加值占地区 GDP 比重	+
		城乡结构	居民城镇化率	+
		分配结构	城乡居民收入比	–
	绿色发展	污染水平	单位地区 GDP 二氧化硫排放量	–
			单位地区 GDP 工业废水排放量	–
			单位 GDP 工业固体废物产生量	–
		绿化水平	人均公共绿地面积	+
			建成区绿化覆盖率	+
		绿色投资	单位地区 GDP 污染治理投资	+
			单位地区 GDP 园林绿化投资	+

目标层	一级指标层	二级指标层	三级指标层	属性
高质量发展综合评价指标	对外开放	对外开放	单位地区 GDP 进出口额	+
		利用外资	单位地区 GDP 实际利用外商直接投资	+
	民生保障	生活水平	城镇居民恩格尔系数	−
			农村居民恩格尔系数	−
		就业水平	失业率	−
		医疗水平	平均预期寿命	+
			人口死亡率	−

注：“属性”列中的“＋”或“－”表示三级指标对高质量发展的影响为正向作用或负向作用。

（二）综合评价指标测算

一般来说，测算综合评价指标，首先要对综合评价指标体系进行权重赋值。常见的权重赋值方法有三种：（1）主观赋值法。根据综合评价指标体系中各单项指标对总体指标的重要程度进行主观赋值，最常见的有德尔菲法和层次分析法等。（2）客观赋值法。基于综合评价指标数据采用数学方法计算权重，再进行赋值，包含主成分分析法、均方差法、熵值法和离差最大化法。（3）权重集成法。根据主、客观信息，利用最优化策略构造一个既反映主观信息又反映客观信息的集成权重最优化模型，通过计算模型得出最终权重（王中兴和李桥兴，2006）。迄今为止，国内学者研究经济发展质量综合评价指标的权重赋值多采用主成分分析法、层次分析法和熵值法。由于主成分分析法需要特定的前提，且被提取主成分的要求相对严格，容易与原始变量的含义相背离（颜双波，2017）。层次分析法的定性成分居多，定量数据较少，导致权重信度偏低。所以，经过综合权衡，本节借鉴邹一楠等（2017）的方法，采用熵值法对高质量发展综合评价指标进行权重赋值。

一是指标标准化。由于三级指标原始数据值的度量单位不同，为提高权重的可信度，必须对三级指标原始数据值进行标准化处理。首先，将三级指标原始数据值进行无量纲化处理。其次，为确保无量纲化后标准化指标值均为正，本节对现有文献中无量纲化公式稍做改进，同时也确保无量纲化后标准化指标值仍在合理范围内。由于正向指标和负向指标均需进行无量纲化处理，稍做改进后的无量纲化公式如下：

$$\text{正向指标：} x_{ij}' = \frac{x_{ij} - \min(x_{ij})}{\max(x_{ij}) - \min(x_{ij})} + 0.01$$

$$\text{负向指标：} x_{ij}' = \frac{\max(x_{ij}) - x_{ij}}{\max(x_{ij}) - \min(x_{ij})} + 0.01$$

其中，x_{ij} 表示第 i 年第 j 项三级指标原始数据值，$\max(x_{ij})$ 和 $\min(x_{ij})$ 分别表示三级指标原始数据值 x_{ij} 的最大值和最小值（$i=1，2，\cdots，n$；$j=1，2，\cdots，m$）。

二是指标同度量化。计算第 i 年第 j 项标准化指标占总样本标准化指标的比重，即 $p_{ij} = \dfrac{x_{ij}'}{\sum\limits_{i=1}^{n} x_{ij}'}$。

三是熵值。计算第 j 项指标的熵值，即 $e_j = -\dfrac{1}{\ln n}\sum\limits_{i=1}^{n} p_{ij}\ln p_{ij}$。

四是熵冗余度。计算第 j 项指标的熵冗余度，即 $d_j = 1 - e_j$。

五是权重。计算第 j 项指标的权重，即 $w_j = \dfrac{d_j}{\sum\limits_{j=1}^{m} d_j}$。

本章选取 2003～2017 年我国 30 个地区（不含西藏和港澳台地区）[①] 经济社会发展数据，采用熵值法进行指标权重赋值，测算了我国 30 个地区高质量发展综合评价指数，如表 4－2 所示。

为了更直观判断我国地区高质量发展水平，以及地区发展不平衡不充分的现状，本节利用表 4－2 的数据，将 2003～2017 年我国 30 个地区高质量发展综合评价指数的均值绘制成柱形图，如图 4－1 所示。

分析发现，首先，高质量发展综合评价指数整体上呈东高西低的发展趋势，说明我国区域发展不平衡不充分现象仍然比较突出。其次，高质量发展综合评价指数的极值分别为 0.641 和 0.121，差距异常明显，表明我国不同地区高质量发展水平存在显著差异。最后，中部地区高质量发展综合评价指数相对比较接近，但与东部地区相比差距仍较大。

---

① 因西藏自治区和港澳台地区的部分数据缺失严重，故不纳入本书研究范围。

表 4-2 2003～2017 年我国 30 个地区高质量发展综合评价指数

地区	2003 年	2004 年	2005 年	2006 年	2007 年	2008 年	2009 年	2010 年	2011 年	2012 年	2013 年	2014 年	2015 年	2016 年	2017 年
北京	0.586	0.630	0.633	0.614	0.629	0.589	0.613	0.614	0.600	0.630	0.697	0.762	0.672	0.672	0.679
天津	0.471	0.437	0.486	0.432	0.419	0.394	0.362	0.369	0.364	0.349	0.562	0.344	0.349	0.333	0.334
河北	0.251	0.239	0.252	0.237	0.219	0.237	0.229	0.236	0.252	0.233	0.407	0.436	0.244	0.212	0.231
山西	0.195	0.192	0.202	0.226	0.227	0.242	0.214	0.227	0.229	0.243	0.309	0.411	0.198	0.207	0.270
内蒙古	0.185	0.217	0.201	0.221	0.201	0.210	0.218	0.218	0.252	0.244	0.320	0.379	0.253	0.225	0.249
辽宁	0.339	0.310	0.335	0.300	0.267	0.276	0.262	0.271	0.268	0.263	0.407	0.393	0.254	0.281	0.299
吉林	0.234	0.240	0.244	0.240	0.240	0.232	0.244	0.231	0.228	0.212	0.426	0.423	0.216	0.208	0.200
黑龙江	0.227	0.222	0.220	0.225	0.194	0.230	0.221	0.215	0.209	0.191	0.467	0.377	0.196	0.180	0.178
上海	0.582	0.537	0.555	0.539	0.509	0.487	0.484	0.511	0.502	0.497	0.612	0.588	0.500	0.504	0.514
江苏	0.432	0.434	0.475	0.431	0.427	0.419	0.411	0.415	0.427	0.427	0.519	0.472	0.375	0.369	0.370
浙江	0.450	0.435	0.446	0.431	0.429	0.431	0.431	0.428	0.434	0.430	0.607	0.507	0.422	0.415	0.403
安徽	0.203	0.199	0.197	0.195	0.201	0.211	0.219	0.233	0.238	0.240	0.380	0.278	0.259	0.262	0.263
福建	0.369	0.338	0.364	0.315	0.280	0.277	0.267	0.281	0.281	0.279	0.378	0.293	0.283	0.261	0.261
江西	0.197	0.196	0.206	0.182	0.189	0.187	0.197	0.224	0.224	0.229	0.404	0.262	0.213	0.212	0.222
山东	0.352	0.337	0.359	0.349	0.342	0.344	0.331	0.325	0.324	0.317	0.410	0.413	0.303	0.280	0.306
河南	0.205	0.203	0.215	0.206	0.206	0.204	0.187	0.185	0.184	0.185	0.362	0.343	0.191	0.191	0.217
湖北	0.227	0.226	0.237	0.228	0.217	0.230	0.222	0.228	0.211	0.216	0.420	0.292	0.232	0.226	0.224

续表

地区	2003 年	2004 年	2005 年	2006 年	2007 年	2008 年	2009 年	2010 年	2011 年	2012 年	2013 年	2014 年	2015 年	2016 年	2017 年
湖南	0.199	0.200	0.211	0.209	0.177	0.190	0.193	0.181	0.181	0.189	0.347	0.307	0.207	0.190	0.211
广东	0.551	0.552	0.266	0.515	0.497	0.474	0.460	0.533	0.449	0.434	0.408	0.388	0.421	0.429	0.469
广西	0.202	0.185	0.190	0.169	0.177	0.165	0.188	0.176	0.199	0.187	0.251	0.194	0.196	0.194	0.192
海南	0.220	0.232	0.224	0.243	0.298	0.305	0.282	0.226	0.239	0.520	0.355	0.139	0.204	0.254	0.250
重庆	0.196	0.199	0.207	0.190	0.221	0.221	0.238	0.266	0.297	0.254	0.289	0.236	0.243	0.236	0.241
四川	0.230	0.228	0.246	0.222	0.202	0.204	0.210	0.199	0.207	0.200	0.332	0.209	0.206	0.203	0.207
贵州	0.106	0.101	0.103	0.106	0.086	0.094	0.096	0.104	0.126	0.131	0.091	0.240	0.137	0.149	0.141
云南	0.145	0.140	0.142	0.129	0.121	0.112	0.120	0.128	0.137	0.140	0.101	0.263	0.146	0.131	0.137
陕西	0.290	0.272	0.261	0.254	0.251	0.254	0.279	0.319	0.275	0.278	0.248	0.428	0.267	0.258	0.266
甘肃	0.161	0.173	0.171	0.190	0.174	0.170	0.171	0.200	0.170	0.226	0.149	0.270	0.152	0.160	0.159
青海	0.131	0.141	0.126	0.162	0.145	0.144	0.142	0.125	0.133	0.126	0.202	0.276	0.143	0.142	0.115
宁夏	0.253	0.251	0.200	0.254	0.194	0.246	0.201	0.213	0.194	0.216	0.311	0.410	0.265	0.261	0.297
新疆	0.191	0.193	0.185	0.178	0.176	0.187	0.200	0.186	0.201	0.193	0.362	0.287	0.193	0.201	0.182

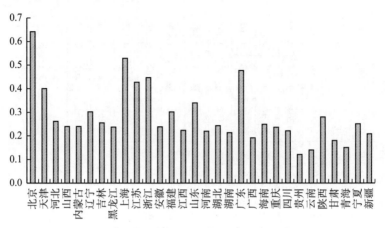

图 4 – 1　2003 ~ 2017 年我国 30 个地区高质量发展综合评价指数

基于此，未来政府应对东、西部地区采取定点帮扶、对口支援等政策，逐步缩小区域经济发展差距，促进东、西部地区均衡稳定发展。同时，也要加快调整与优化中部地区经济结构，培育经济增长新动能，激活经济增长新活力，发挥中部地区在东西部地区之间的桥梁枢纽作用，不断增强中部地区经济实力和综合能力，奋力开创中部崛起新局面，推动全局经济高质量发展。

四、环境规制对高质量发展的影响：基于动态系统 GMM 分析

（一）模型设定

基于本章第二小节环境规制对高质量发展影响的数理模型分析，考虑到环境规制对高质量发展的影响呈 U 形非线性关系以及其他影响因素。首先，本节构建一个包含环境规制一、二次项的简单回归模型：

$$\ln hquality_{it} = \alpha + \beta_1 ers_{it} + \beta_2 ers_{it}^2 + X_{it} + \varepsilon_{it} \qquad (4.24)$$

其次，为了更好地控制被解释变量滞后项对模型回归结果的影响，探讨前期高质量发展对当前高质量发展的影响，即高质量发展的时间滞后效应。因此，在回归模型（4.24）基础上将高质量发展一阶滞后项作为解释变量

纳入模型，构建了包含被解释变量一阶滞后项的动态面板回归模型：

$$\ln hquality_{it} = \alpha + \chi \ln hquality_{i,t-1} + \beta_1 ers_{it} + \beta_2 ers_{it}^2 + X_{it} + \varepsilon_{it} \quad (4.25)$$

$$X_{it} = \lambda_1 industry_{it} + \lambda_2 government_{it} + \lambda_3 education_{it} + \lambda_4 asset_{it}$$

其中，下标 i 和 t 分别表示地区和年份，$hquality_{it}$ 表示高质量发展，$hquality_{i,t-1}$ 表示高质量发展一阶滞后项，ers_{it} 表示环境规制，X_{it} 表示控制变量，ε_{it} 表示随机扰动项。控制变量中，$industry_{it}$ 表示产业结构，$government_{it}$ 表示政府干预，$education_{it}$ 表示受教育程度，$asset_{it}$ 表示资本密集度。

（二）变量选择

被解释变量为高质量发展（$hquality$）。利用本章第三节测算的我国 30 个地区高质量发展综合评价指数替代衡量。

核心解释变量为环境规制（ers）。因环境规制指标相关数据不易获取，且数据质量难以保证，限制了许多经验研究（Busse，2004；陆旸，2009）。目前，由于环境规制的量化指标不统一，现有文献采取多种不同指标替代衡量。主要包含：（1）单一指标。如排污费收入（Levinson，1996；赵红，2007）、规制条例数量（Low and Yeats，1992；李树和翁卫国，2014）、人均 GDP（Dasgupta et al.，2001；陆旸，2009）。（2）复合指标。如污染治理投入占总成本的比值（Gray，1987；Jaffe and Palmer，1997；Brunnermeier and Cohen，2003）、污水排放达标率与污水排放总量的比值（刘建民和成果，2008）、污染投资额和排污费占 GDP 的比重（李珊珊，2015；孙英杰和林春，2018）。（3）综合评价指标（Walter and Ugelow，1979；Van Beers and Van den Bergh，1997；Domazlicy and Weber，2004；肖红和郭丽娟，2006；傅京燕和李丽莎，2010）。通常而言，环境污染越严重，污染治理成本越大，环境治理难度更大，环境规制强度则更严格（陶群山和胡浩，2011），表明环境污染程度与环境规制强度呈正相关。因单一指标难以客观真实地反映环境规制的政策效应，缺乏足够说服力。综合考虑，本节借鉴傅京燕和李丽莎（2010）的做法，采用综合指数法（赵细康，2003）测算环境规制指标，以弥补单一指标的缺陷与不足。

环境规制指标的测算体系由目标层（ers 综合指数）、评价指标层以及单项指标层构成。其中，评价指标层通常选取废水排放达标率、二氧化硫去除率、烟尘去除率、粉尘去除率和固体废弃物综合利用率（王杰和刘斌，

2014；傅京燕和李丽莎，2010）。但考虑到自 2010 年以后《中国环境统计年鉴》不再提供工业二氧化硫、烟尘、粉尘等指标达标量数据，部分数据无法获得。因此，本章选取各地区工业二氧化硫排放量、工业烟（粉）尘排放量、工业废水排放量、工业固体废物综合利用率 4 个指标作为环境规制的评价指标层。具体构建方法如下：

第一，评价指标层线性标准化。

$$UE_{ij}^s = \frac{UE_{ij} - \min(UE_j)}{\max(UE_j) - \min(UE_j)}$$

其中，UE_{ij}^s 表示 i 省份污染物 j 指标的线性标准化值，UE_{ij} 表示 i 省份污染 j 的评价指标，$\max(UE_j)$ 和 $\min(UE_j)$ 分别表示污染物 j 的评价指标在各省份的最大值和最小值（$i = 1$，2，3，…，30；$j = 1$，2，3，4）。

第二，评价指标调整系数。环境污染程度与经济发展水平相关。由于各地区经济发展水平不同，导致各地区环境污染程度不尽相同，即便同一地区，不同污染物排放强度也存在显著差异。为更准确地测算环境规制强度，利用评价指标调整系数对线性标准化评价指标层的指标进行调整。其实，评价指标调整系数与权重类似，通过对线性标准化评价指标值进行权重赋值，从而能更真实地反映各地区环境规制强度。评价指标调整系数计算方法如下：

$$W_j = \frac{E_{ij} \Big/ \sum_{i=1}^{30} E_{ij}}{GDP_i \Big/ \sum_{i=1}^{30} GDP_{ij}} = \frac{E_{ij}}{GDP_i} \times \frac{\sum_{i=1}^{30} GDP_{ij}}{\sum_{i=1}^{30} E_{ij}} = \frac{E_{ij}}{GDP_i} \Bigg/ \frac{\sum_{i=1}^{30} E_{ij}}{\sum_{i=1}^{30} GDP_{ij}} = \frac{UE_{ij}}{\overline{UE_{ij}}}$$

其中，E_{ij} 表示 i 省份污染物 j 的排放量，$E_{ij} \Big/ \sum_{i=1}^{30} E_{ij}$ 表示 i 省份污染物 j 的排放量占全国 30 个省份污染物排放总量的比重，GDP_i 表示 i 省份国内生产总值，$GDP_i \Big/ \sum_{i=1}^{30} GDP_{ij}$ 表示 i 省份国内生产总值占全国 30 个省份国内生产总值之和的比重，UE_{ij} 表示 i 省份单位国内生产总值污染物 j 的排放量，$\overline{UE_{ij}}$ 表示全国 30 个省份单位国内生产总值污染物 j 的排放量均值。

第三，环境规制强度。利用评价指标线性标准化值（UE_{ij}^s）与评价指标调整系数（W_j）的乘积计算全国 30 个省份不同污染物的环境规制强度（ers^s），将不同污染物的环境规制强度均值作为我国 30 个省份环境规制强度指标（ers）。

$$ers_{ij}^{s} = W_{j} \times UE_{ij}^{s}$$

$$ers_{ij} = \frac{1}{n} \sum_{j=1}^{n} ers_{ij}^{s} \quad (n = 1,2,3,4)$$

为更直观了解全国 30 个省份环境规制强度大小和变化趋势，本节描绘了 2003 ~ 2007 年我国 30 个省份环境规制强度折线图，如图 4 – 2 所示。

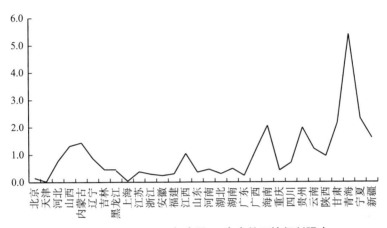

图 4 – 2　2003 ~ 2017 年我国 30 个省份环境规制强度

（三）控制变量

1. 产业结构（industry）

产业结构是提升经济发展质量的重要突破口，调整与优化产业结构是深化供给侧结构性改革的重要途径之一。优化产业结构，调节产能结构性过剩，完善市场资源配置，提高资源要素配置效率，提升经济发展质量。本节利用第三产业增加值占第二产业增加值的比重衡量产业结构指标。

2. 政府干预（government）

政府干预有助于提高政策执行效率，促进经济增长。但过多的政府干预限制了企业生产经营活动，也不利于经济高质量发展。本节利用地方财政支出占地区 GDP 的比重衡量政府干预指标。

3. 受教育程度（education）

教育是民生之本。提高受教育程度，提升全民综合素质能力，有助于促进技术创新，推动高质量发展。本节借鉴巴罗和李（Barro and Lee，2000）的思路，采用地区人均受教育年限衡量居民受教育程度，人均受教育年限 = $primary \times 6 + middle \times 9 + high \times 12 + college \times 16$。其中，$primary$、$middle$、$high$、$college$ 分别表示小学、初中、高中（中专）、大专及以上文化程度居民占 6 岁及以上人口的比重。

4. 资本密集度（asset）

实施投资驱动战略，提高固定资产投资，有利于实现经济高速增长。但是，过于追求固定资产投资，在提高经济增长数量的同时，也会加剧生态环境污染，降低经济发展质量。本节以地区固定资产存量占地区资本总额的比重衡量资本密集度指标。

（四）数据来源与统计分析

基于数据可获得性，本节以我国 30 个省份 2003～2017 年数据作为样本对象。相关数据均来自历年《中国统计年鉴》《中国卫生健康统计年鉴》《中国贸易外经统计年鉴》《中国科技统计年鉴》《中国劳动统计年鉴》《中国工业统计年鉴》《中国环境统计年鉴》《中国农村统计年鉴》，数据中所有价值变量均以 2003 年为基期进行了消胀处理。变量描述性统计分析结果如表 4-3 所示。

表 4-3 　　　　　　　　　　变量描述性统计分析结果

变量	样本数	均值	标准差	最小值	最大值
hquality	450	0.282	0.127	0.086	0.762
ers	450	0.987	1.176	0.013	8.317
industry	450	1.181	0.340	0.236	2.023
government	450	0.287	0.178	0.073	1.024
education	450	0.099	0.062	0.018	0.455
asset	450	0.952	0.039	0.731	1.103

（五）基本回归结果分析

为避免模型回归结果因多重共线性问题引起估计偏误。所以，回归分析前需进行多重共线性检验。结果显示，所有变量间的相关系数均低于0.7，方差膨胀因子 VIF 均值为1.45，且所有的 VIF 都低于2，表明所有变量之间不存在严重的多重共线性问题。

为研究环境规制对高质量发展的影响，本节将环境规制一、二次项依次引入计量模型中进行回归估计。根据 Hausman 检验结果可知，固定效应优于随机效应。因此，首先通过固定效应回归结果，初步判断环境规制与高质量发展的影响。其次，考虑到固定效应估计可能存在内生性问题，因而采用广义距估计法进行模型估计检验。系统广义距估计（系统 GMM）是将差分 GMM 和水平 GMM 合并于一体，作为一个联立方程系统地进行 GMM 估计。在系统 GMM 中，内生解释变量滞后项被用作自身的工具变量，不仅提高了估计效率以及结果的稳健性，还能估计不随时间变化而变化的回归系数。基于此，本节分别采用固定效应和系统 GMM 估计方法分别对模型进行回归估计。回归结果见表4-4。

表4-4　　　　　　　　环境规制对高质量发展影响的估计结果

变量	固定效应		系统 GMM	
	（1）	（2）	（3）	（4）
$L.lnhquality$			0.635 *** （0.133）	0.234 ** （0.118）
ers	-0.039 *** （0.016）	-0.112 *** （0.032）	-0.063 *** （0.020）	-0.183 *** （0.046）
ers^2		0.011 *** （0.004）		0.016 *** （0.005）
$industry$	0.121 *** （0.041）	0.107 ** （0.041）	0.052 （0.060）	0.136 * （0.075）
$government$	0.226 ** （0.088）	0.290 *** （0.090）	-0.076 （0.114）	-0.251 ** （0.110）

续表

变量	固定效应		系统 GMM	
	(1)	(2)	(3)	(4)
education	1. 143 *** (0. 378)	0. 972 ** (0. 381)	1. 332 *** (0. 420)	2. 940 *** (0. 678)
asset	-0. 546 ** (0. 262)	-0. 561 *** (0. 260)	-0. 633 *** (0. 243)	-1. 033 *** (0. 259)
_cons	-1. 119 *** (0. 250)	-1. 042 *** (0. 250)	0. 014 (0. 220)	-0. 289 (0. 324)
N	450	450	420	420
R^2	0. 361	0. 419		
F	11. 51	10. 89		
AR(1)			-3. 00 (0. 003)	-3. 15 (0. 002)
AR(2)			0. 26 (0. 794)	0. 52 (0. 605)
Sargan			0. 319	0. 169

注：*、**、*** 分别表示在 10%、5%、1% 的水平上统计显著，括号内是聚类稳健性标准误差，$AR(1)$、$AR(2)$ 检验的下方括号内为统计量的伴随概率。

从表 4-4 的估计结果可以看出，系统 GMM 回归估计通过了 $AR(1)$、$AR(2)$ 和 Sargan 检验，模型不存在二阶自相关问题，工具变量也不存在过度识别问题。首先，Sargan 检验不仅要求残差一阶差分项负相关，而且还要求不存在二阶及以上相关性。通过对动态面板模型式（4.25）进行回归分析，Sargan 检验 P 值分别为 0.319 和 0.169，均大于 0.1，接受了原假设，表明模型（3）和（4）中引入的工具变量是合理且有效的，不存在过度识别问题。其次，差分方程的残差应服从 $AR(1)$ 和 $AR(2)$ 过程，$AR(1)$ 为负且通过了显著性检验，表示拒绝不存在一阶自相关的原假设。$AR(2)$ 为正且不通过显著性检验，表示接受不存在二阶自相关的原假设，即样本残差序列只存在一阶负相关，不存在二阶及以上序列相关性。模型（3）和（4）的检验结果显示，$AR(1)$ 为负且 P 值均小于 0.1，$AR(2)$ 为正且不通过显著性检验，表明动态面板模型（4.25）的样本残差序列仅存在一阶负相关，不存在二阶及以上序列相关性。由此可见，表4-4的回归结果中 $AR(1)$、$AR(2)$ 和 $Sargan$ 检验结果表明，模型中工具变量合理，模型识别有效，回归结果可靠。

通过分析表4-4的回归结果，可以得到下列结论：

第一，无论是固定效应还是系统 GMM 回归估计，环境规制一、二次项对高质量发展影响的估计系数均为先负后正，且在1%的统计水平上都通过了显著性检验。随着环境规制强度逐渐提高，环境规制对高质量发展的影响呈先降低后提升的 U 形动态特征。其原因在于，环境规制政策实施初期，因政策的遵循成本挤占企业生产成本，抑制经济增长数量。同时，宽松的环境规制政策对技术创新缺乏足够驱动力（李玲和陶峰，2012），从而对经济发展质量的提升效果不显著。所以，环境规制对高质量发展影响的总效应为负向抑制作用。随着环境规制强度持续提高，政策的遵循成本占总成本比重不断上升形成"倒逼机制"，迫使企业开展技术创新提高全要素生产率，达到节能减排降耗和维持利润增长的目的（蒋伏心等，2013）。因此，严格的环境规制政策既能提高经济增长数量，也能提升经济发展质量，从经济增长数量和质量层面共同促进经济高质量发展。

从回归系数上看，环境规制与高质量发展之间呈 U 形曲线关系，其拐点为5.09，高于我国现阶段环境规制强度均值，表明现阶段我国大多数地区环境规制强度居于拐点左侧，表现为环境规制对经济增长数量的负向作用大于对经济发展质量的正向作用，环境规制抑制高质量发展。现阶段，提高环境规制强度对部分地区经济高质量发展会产生抑制作用。这恰恰是部分地方政府抵制实施严格环境规制的主要原因。殊不知，严格的环境规制政策只不过是改革前的阵痛而已，地方政府应当鼓励和支持实施严格的环境规制政策，淘汰落后产能，优化经济结构，突破技术瓶颈，实现经济高质量发展。

第二，产业结构对高质量发展影响的估计系数显著为正，表明优化产业结构对经济高质量发展具有显著的正向促进作用。产业结构调整是提升经济发展质量的重要诱因（黄清煌和高明，2016），调整与优化产业结构，促进生产要素从低生产率水平向高生产率水平流动，提升要素配置效率，提高企业生产率，推动经济高质量发展（Peneder，2003）。

第三，政府干预对高质量发展影响的回归系数显著为正，表明提高政府干预程度有利于推动高质量发展。强化政府干预行为，提高资源配置效率，对经济发展质量具有显著的促进作用（韩晶等，2017）。然而，系统 GMM 估计结果却显示，政府干预对高质量发展的影响显著为负。究其原因，是因为政府干预行为影响了企业正常生产经营活动，对经济增长数量产生了显著的负向作用，但对经济发展质量的影响却不显著（王群勇和陆凤芝，2018），从而导致政府干预对高质量发展的影响整体表现为负向作用。那么，为什么政府干预对高质量发展影响的回归系数符号相反呢？从静态视角看，短期内政府干预能显著提高市场资源配置效率，有助于提升经济发展质量。但从动态视角看，长期政府干预对企业生产经营活动产生束缚作用，抑制经济数量增长，而对经济发展质量的提升作用不明显，从而表现出负向抑制作用。

第四，受教育程度越高，越有利于推动经济高质量发展。表 4-4 中模型（2）的固定效应回归结果显示，受教育程度提高 1%，高质量发展水平提高 0.972%，且均在 1% 的统计水平上显著。进一步表明提高受教育程度能显著提升高质量发展水平。教育是人才之基，创新之源，发展之本。提高受教育程度，加强创新型高层次人才培养，提升企业自主创新能力，激发市场活力和企业创造力，推动高质量发展。

第五，资本密集度对高质量发展影响的回归系数均显著为负，表明资本密集度对经济高质量发展具有显著的抑制作用。固定资产投资固然有助于提高经济增长数量，推动我国经济高速增长。但是，随着我国固定资本存量逐渐增加，大量固定资产投资对经济增长数量的边际贡献率呈逐渐降低趋势（陶静和胡雪萍，2019）。然而，过于倚重固定资产投资的投资驱动方式促进经济数量增长，但在经济增长数量的同时也增加了污染排放，加剧了生态环境恶化，降低经济发展质量（郝颖等，2014）。所以，固定资本过于密集不利于推进高质量发展。

此外，表 4-4 中模型（3）和模型（4）中被解释变量高质量发展一阶滞后项的系数均为正，且在 5% 的统计水平上显著，说明高质量发展存在显著的时间滞后效应，即前期地区高质量发展水平对当期经济高质量发展具有显著的正向促进作用，符合理论预期。

（六）内生性与工具变量

为确保上述回归估计结果的准确性和可靠性，本节利用环境规制一阶滞后项作为工具变量进行两阶段最小二乘法（2SLS）回归估计，以避免回归模型可能存在内生性问题，以此判断模型的稳健性。

上一小节尽管采用系统 GMM 方法控制了可能存在的内生性问题，但系统 GMM 估计主要解决了动态面板模型被解释变量滞后项的内生性问题，而无法解决解释变量的内生性问题（陶静等，2019）。由于环境规制与高质量发展之间可能存在双向因果关系而产生内生性问题，一方面，提高环境规制政策强度，制约了企业生产与排污行为，改善生态环境质量，提升经济发展质量。另一方面，实现经济高质量发展，必须建立在严格的环境规制政策基础上，按照绿色低碳循环发展标准改造高耗能产业，化解过剩产能，发展绿色产业，减少污染排放，做到节能减排降耗。为了控制双向因果关系产生的内生性问题，本节将环境规制一阶滞后项作为环境规制的工具变量进行 2SLS 回归估计。根据表 4-5 的检验结果可知，LM 统计量在 1% 的统计水平上显著拒绝了"工具变量识别不足"的原假设，Wald F 统计量拒绝了"存在弱工具变量"的原假设。因此，模型（5）和模型（6）中工具变量是有效的。

表 4-5 中模型（6）的估计结果显示，环境规制对高质量发展的影响呈 U 形曲线动态特征，且均在 1% 的水平上显著，再次表明持续提高环境规制强度，有利于推动经济高质量发展。在控制变量中，产业结构和受教育程度对高质量发展的影响均显著为正，政府干预和资本密集度对高质量发展的影响呈显著负向作用。因此，模型（5）和模型（6）的估计结果符号和显著性与模型（1）~模型（4）的估计结果基本吻合，且影响程度相当，说明模型的稳健性良好。

表 4-5　　　　　　　　　　稳健性检验结果

变量	工具变量法（IV）	
	（5）	（6）
ers	-0.087*** (0.013)	-0.210*** (0.051)
ers^2		0.019*** (0.007)

续表

变量	工具变量法（IV）	
	（5）	（6）
industry	0. 124 *** （0. 045）	0. 098 ** （0. 044）
government	− 0. 532 *** （0. 099）	− 0. 353 *** （0. 126）
education	4. 293 *** （0. 250）	3. 847 *** （0. 302）
asset	− 1. 328 *** （0. 346）	− 1. 405 *** （0. 339）
_cons	− 0. 425 （0. 346）	− 0. 252 （0. 337）
N	420	420
LM	15. 057 ***	70. 833 ***
Wald F	863. 647	61. 629
R^2	0. 609	0. 620

注：*、**、***分别表示在10%、5%、1%的水平上统计显著，括号内是聚类稳健性标准误。

五、环境规制对高质量发展的影响：基于动态空间 Dubin 模型检验

地理学第一定律指出，任何事物与其他事物都存在相互关联，但较近事物比较远事物的关联度更高（Tobler，1970）。由此推测，相邻地区比相距较远地区高质量发展水平的关联度更高。所以，高质量发展水平不仅取决于地区自身发展状况，而且还与相邻地区高质量发展水平相关。换句话说，高质量发展不仅存在时间相关性（时间滞后效应），还存在空间相

关性（空间溢出效应）。上一节已利用系统 GMM 估计方法分析了环境规制对高质量发展的影响符合 U 形曲线动态特征，且当期高质量发展水平与前期高质量发展水平显著正相关，即高质量发展存在时间相关性（时间滞后效应）。那么，环境规制对高质量发展的影响是否存在空间相关性呢？为此，本节将进一步扩展讨论环境规制对高质量发展的空间溢出效应。

（一）空间自相关检验

空间自相关性反映了变量空间自相关性的整体趋势，常用的检验方法有 *Moran's I*、*Geary's C*、*Getis & Ord's G* 等，其中，以 *Moran's I* 指数应用最普遍。*Moran's I* 指数计算公式为：

$$Moran's\ I = \frac{\sum_{i=1}^{n} \sum_{j=1}^{n} W_{ij}(x_i - \bar{x})(x_j - \bar{x})}{s^2 \sum_{i=1}^{n} \sum_{j=1}^{n} W_{ij}}$$

其中，$s^2 = \frac{1}{n} \sum_{i=1}^{n} (x_i - \bar{x})^2$，$\bar{x} = \frac{1}{n} \sum_{i=1}^{n} x_i$，$x_i$ 表示地区 i 的观测值，n 为地区数量，W_{ij} 为空间权重矩阵。

Moran's I 取值范围是 $[-1, 1]$。当 *Moran's I* > 0 时，变量在区域间呈空间正相关。当 *Moran's I* $= 0$ 时，变量在区域间无空间相关性。当 *Moran's I* < 0 时，变量在区域间呈空间负相关。*Moran's I* 绝对值表征空间相关性的程度，绝对值越大，变量在区域间的空间相关性越大，反之则越小。如果 *Moran's I* 在 5% 的统计水平上显著，表明观测值存在显著的空间自相关，即相邻区域具有空间集聚效应。

（二）空间计量模型构建

本节在上一节动态面板模型（4.25）基础上，引入部分变量的空间效应，构建空间计量模型拓展讨论高质量发展的空间溢出效应。常用的空间计量模型分别为空间滞后模型（SLM）、空间误差模型（SEM）和空间杜宾模型（SDM）。空间滞后模型侧重于被解释变量的空间相关性，空间误差模型侧重于随机扰动项的空间影响，二者均为空间杜宾模型的特殊形式。由于动态空间杜宾模型不仅能解释相邻地区高质量发展对自身高质量发展的空间溢出效应，也能解释地区高质量发展的动态效应和时空效应（王晓红等，2019）。基于此，本节采用动态空间杜宾模型分析环境规制政策约束下地区高质量发展的空间溢出效应。动态空间杜宾模型构建如下：

$$\ln Y_{it} = \alpha + \chi \ln Y_{i,t-1} + \rho W \ln Y_{it} + \eta W \ln Y_{i,t-1} + \beta_1 ers_{it} + \beta_2 ers_{it}^2 + X_{it} + u_i + \gamma_i + \varepsilon_{it}$$

(4.26)

其中，下标 i 和 t 分别表示地区和年份，Y_{it} 表示高质量发展，$Y_{i,t-1}$ 表示高质量发展一阶滞后项，ers_{it} 表示环境规制，X_{it} 表示控制变量，W 表示空间权重矩阵，ρ 表示空间自回归系数，χ 表示高质量发展一阶滞后项的系数，η 表示高质量发展时空滞后项的系数，u_i 表示地区效应，γ_i 表示时间效应，ε_{it} 表示误差项。

（三）空间权重矩阵设定

通常，空间权重矩阵包括邻近空间权重矩阵、地理距离空间权重矩阵和经济距离空间权重矩阵。因西藏自治区和港澳台地区数据缺失严重，未列入本书的研究范围，导致邻近空间权重矩阵难以真实反映地区高质量发展的空间相关性。为了全面、客观、真实地测度我国30个省份高质量发展的空间溢出效应，空间权重矩阵（W）分别采用地理距离空间权重矩阵（W^d）和经济距离空间权重矩阵（W^e）进行空间权重矩阵设定。

1. 地理距离空间权重矩阵（W^d）

地理距离空间权重矩阵（W^d）是利用经纬度坐标计算我国30个省份省会城市地表距离的倒数，计算公式如下所示：

$$W_{ij}^d = \frac{1}{d_{ij}}$$

标准化后的地理距离空间权重矩阵（$W_{ij}'^d$）为：

$$W_{ij}'^d = \begin{cases} \dfrac{W_{ij}^d}{\sum\limits_j W_{ij}^d} & i \neq j \\ 0 & i = j \end{cases}$$

其中，d_{ij}表示根据经纬度坐标计算我国 30 个省份省会城市地表距离，W_{ij}^d表示地理距离空间权重矩阵，$W_{ij}^{\prime d}$表示标准化后的地理距离空间权重矩阵。

2. 经济距离空间权重矩阵（W^e）

地区高质量发展不仅与区域间的地理距离有关，而且还与地区经济发展水平相关。所以，地区高质量发展的空间溢出效应除了地理距离空间效应外，还应与经济距离空间效应相关。倘若仅仅采用地理距离空间权重矩阵测度地区高质量发展的空间溢出效应，难免会导致估计结果缺乏足够的说服力。因此，本节借鉴罗能生和王玉泽（2017）的做法，利用我国 30 个省份实际人均 GDP 之差绝对值的倒数来设定经济距离空间权重矩阵（W^e）。地区实际人均 GDP 之差的绝对值越小，表明地区经济发展水平越接近，理应赋予较大的经济距离空间权重值，反之则赋予较小的权重值。

经济距离空间权重矩阵（W^e）计算公式如下：

$$W_{ij}^e = \begin{cases} \dfrac{1}{|\overline{Y_i} - \overline{Y_j}|} & i \neq j \\ 0 & i = j \end{cases}$$

标准化后的经济距离空间权重矩阵（$W_{ij}^{\prime e}$）为：

$$W_{ij}^{\prime e} = \begin{cases} \dfrac{W_{ij}^e}{\sum\limits_j W_{ij}^e} & i \neq j \\ 0 & i = j \end{cases}$$

其中，Y_i表示以 2003 年为基期，利用 GDP 平减指数平减后的地区实际人均 GDP。$\overline{Y_i}$表示 2003 ~ 2017 年地区实际人均 GDP 均值，$W_{ij}^{\prime e}$表示标准化后经济距离空间权重矩阵。

（四）估计结果分析

1. 空间相关性分析

为了分析高质量发展的空间相关性，本节分别利用地理距离空间权重矩阵（W^d）和经济距离空间权重矩阵（W^e）对 2003～2017 年我国 30 个省份高质量发展综合评价指数进行空间相关性分析，测算我国 30 个地区高质量发展全局 Moran's I 指数，并进行显著性检验。结果如表 4-6 所示。

表 4-6　　　2003～2017 年我国 30 个地区高质量发展指数及显著性检验

年份	W^d	z	P	W^e	z	P
2003	0.098	3.791	0.000	0.390	4.951	0.000
2004	0.088	3.527	0.000	0.394	5.056	0.000
2005	0.101	3.864	0.000	0.424	5.357	0.000
2006	0.095	3.748	0.000	0.400	5.126	0.000
2007	0.094	3.731	0.000	0.379	4.899	0.000
2008	0.099	3.842	0.000	0.384	4.936	0.000
2009	0.087	3.551	0.000	0.381	4.967	0.000
2010	0.068	2.990	0.003	0.343	4.483	0.000
2011	0.094	3.729	0.000	0.409	5.279	0.000
2012	0.083	3.484	0.000	0.389	5.138	0.000
2013	0.194	6.550	0.000	0.384	4.891	0.000
2014	0.112	4.367	0.000	0.217	3.060	0.002
2015	0.083	3.610	0.000	0.346	4.772	0.000
2016	0.069	3.177	0.001	0.321	4.480	0.000
2017	0.067	3.071	0.002	0.290	4.027	0.000

表 4-6 中报告了高质量发展全局 Moran's I 指数及显著性检验结果。数据显示，2003～2017 年我国 30 个地区高质量发展全局 Moran's I 指数均为正，且在 1% 的统计水平上显著，大致上呈逐年递减趋势。结果表明，我国 30 个地区高质量发展存在显著的正向空间相关性，即存在显著的正向空间集聚效应。

为了进一步分析不同地区高质量发展空间关联性是否存在异质性，本节以地理距离空间权重矩阵为例，分别绘制了 2003 年、2007 年、2012 年和 2017 年 4 个代表性年份的局部 *Moran's I* 指数散点图，对不同地区高质量发展的空间集聚类型进行分析。从表 4 - 7 和图 4 - 3 可以看出，我国 30 个地区高质量发展水平主要表现为：中部地区"低—高"型和西部偏远地区"低—低"型空间集聚，以及东部沿海地区"高—高"型和"高—低"型空间集聚。总体来看，尽管 2003 ~ 2017 年各地区高质量发展水平不尽相同，但集聚类型整体趋向基本稳定。以 4 个代表性年份为例，北京、天津、上海、浙江、江苏、山东 6 个地区始终处于第一象限"高—高"型，安徽、河北、内蒙古、江西、山西、河南 6 个地区则长期处在第二象限"高—低"型，湖南、湖北、新疆、广西、贵州、云南、青海、甘肃、重庆、四川、黑龙江 11 个地区始终处在第三象限"低—低"型，说明我国 30 个地区高质量发展水平的空间关联性相对稳定，存在明显的区域异质性。

表 4 -7　　　　我国 30 个地区高质量发展空间集聚类型分布

年份	"高—高"型	"低—高"型	"低—低"型	"高—低"型
2003	北京、上海、浙江、天津、江苏、山东、辽宁、福建	安徽、河北、吉林、内蒙古、山西、海南、江西、河南	湖南、湖北、新疆、广西、贵州、云南、青海、甘肃、重庆、四川、宁夏、黑龙江	陕西、广东
2007	北京、上海、天津、浙江、江苏、山东、福建、辽宁	安徽、河北、山西、内蒙古、黑龙江、吉林、河南、江西	湖南、湖北、新疆、宁夏、陕西、贵州、云南、青海、甘肃、四川、重庆、广西	广东、海南
2012	北京、上海、浙江、江苏、天津、山东、福建	安徽、河北、河南、内蒙古、辽宁、江西、山西	湖北、湖南、新疆、广西、宁夏、海南、青海、贵州、云南、四川、重庆、黑龙江、甘肃、吉林	陕西、广东
2017	北京、上海、天津、浙江、江苏、山东、辽宁	河北、安徽、福建、内蒙古、山西、河南、吉林、湖北、江西	湖南、海南、陕西、新疆、广西、贵州、云南、青海、甘肃、黑龙江、四川、重庆	宁夏、广东

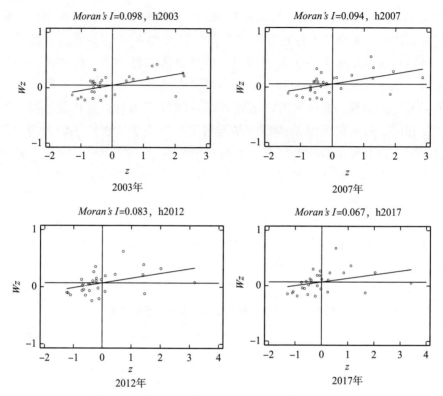

图 4 – 3　我国 30 个地区 4 个代表性年份高质量发展 *Moran's I* 散点图

2. 全国层面回归结果分析

根据 Hausman 检验结果，可判定固定效应优于随机效应。因此，理应采用固定效应进行回归估计。本节利用地理距离和经济距离两种空间权重矩阵进行回归估计，分析全国层面环境规制对高质量发展的影响，估计结果如表 4 – 8 所示。其中，第（7）~（9）列是经济距离空间权重矩阵的估计结果，第（10）~（12）列是地理距离空间权重矩阵的估计结果。不难发现，无论是将经济距离还是地理距离作为空间权重矩阵，各变量的系数符号与显著性均趋近一致，表明环境规制对高质量发展影响的空间溢出效应基本稳定。

表 4 - 8　　　　　　　　　全国层面空间计量模型回归结果

变量	W^e			W^d		
	直接效应 （7）	间接效应 （8）	总效应 （9）	直接效应 （10）	间接效应 （11）	总效应 （12）
ers	- 0. 125 *** （0. 035）	- 0. 098 * （0. 050）	- 0. 224 *** （0. 075）	- 0. 117 *** （0. 037）	- 0. 351 ** （0. 157）	- 0. 467 *** （0. 180）
ers^2	0. 012 *** （0. 004）	0. 010 * （0. 006）	0. 022 ** （0. 009）	0. 012 *** （0. 004）	0. 036 ** （0. 017）	0. 048 *** （0. 019）
$industry$	0. 086 ** （0. 039）	0. 067 （0. 042）	0. 154 ** （0. 075）	0. 102 * （0. 056）	0. 063 （0. 267）	0. 165 （0. 262）
$government$	0. 269 ** （0. 123）	- 0. 076 （0. 179）	0. 194 （0. 186）	0. 389 ** （0. 165）	- 1. 350 ** （0. 580）	- 0. 962 （0. 600）
$education$	0. 754 * （0. 397）	1. 310 （1. 133）	2. 064 * （1. 176）	0. 209 （0. 368）	6. 382 * （3. 698）	6. 591 * （3. 819）
$asset$	- 0. 512 ** （0. 259）	- 0. 409 （0. 305）	- 0. 921 * （0. 530）	- 0. 524 ** （0. 245）	- 1. 572 * （0. 917）	- 2. 096 * （1. 109）
rho		38. 946 *** （6. 011）			0. 761 *** （0. 063）	
$sigma2\_ e$		0. 020 *** （0. 002）			0. 015 *** （0. 002）	
Obs		450			450	
R^2		0. 196			0. 226	
$LogL$		124. 612			124. 612	

注：*、**、*** 分别表示在 10% 、5% 、1% 的水平上统计显著，括号内是聚类稳健性标准误。

（1）环境规制对我国各省份高质量发展的影响。环境规制一、二次项对高质量发展的影响均在 10% 的统计水平上通过了显著性检验，且环境规制一次项的估计系数符号为负，二次项的估计系数符号为正，表明环境规制对高质量发展的影响呈 U 形曲线动态特征。那么，为什么环境规制与高质量发展之间符合 U 形曲线动态特征呢？其实，企业为了达到政府环境治理的要求，通常会采取事中治理或事后治理两种方式减少污染排放，以确保符合政策规制要求。政策实施初期，环境规制强度较低，企业为了实现短期利润最大化目标，往往采取事后治理方式，追加污染治理投资进行末端治理，产生环境规制遵循成本效应，增加企业生产成本，降低经济增长数量。然而，采取事后治理方式的末端治理对经济发展质量并无显著影响。因此，初期阶段，环境规制对高质量发展的影响表现为负向抑制作用。长期来看，企业面临着环境规制强度持续增加，以及末端治理边际绩效递减的双重压力，必须及时调整发展战略思路，从事后治理方式转向事中治理方式，增加科技创新投资，提高技术要素效率，减少污染排放，提高经济绩效（沈能和刘凤朝，2012），产生创新补偿效应，提高经济增长数量。同时，事中治理方式倒逼企业实施创新驱动发展战略，提高要素配置效率，提升经济发展质量。因此，后期阶段，环境规制既能提高经济增长数量，也能提升经济发展质量，推动经济高质量发展。

上述结论表明，企业采取事后治理方式因遵循成本效应降低了经济增长数量，而对经济发展质量却无显著影响。事中治理方式对经济增长数量和质量都能产生显著的促进作用。实践表明，环境政策强度与企业污染治理策略密切相关，直接影响到地区高质量发展水平，这也是对多年来我国环境政策强度偏低以及依靠传统粗放型经济增长方式的一个有力佐证。因此，政府应根据各地区环境污染程度，因地制宜，因情施策，制定适合当地经济发展的环境规制政策。同时，出台一系列激励企业技术创新的配套辅助性政策，调整和优化经济结构，提高要素配置效率，推动环境政策"精准治污"，提高经济增长数量和质量，实现经济高质量发展。

（2）控制变量对我国各地区高质量发展的影响。从总效应来看，受教育程度系数为正，且在10%的统计水平上通过了显著性检验，表明受教育程度对高质量发展具有显著的正向影响。人才集聚效应对提升经济发展质量产生直接影响，提高受教育程度能够促进经济高质量发展（孙英杰和林春，2018）。政府干预对高质量发展影响的直接效应系数显著为正，间接效应系数显著为负，但总效应系数符号不确定，也都未通过显著性检验。这与静态模型的估计结果不尽一致，表明政府干预对高质量发展的空间溢出效应不明显。理论研究认为，政府决策机构难以充分利用信息实现资源要素有效配置，不利于提升经济发展质量。然而，尽管政府干预的弊端一直以来饱受争议，但在环境治理中发挥主导作用也毋庸置疑。所以，政府干预促进高质量发展与现实也非常吻合。产业结构的估计系数显著为正，表明调整与优化产业结构对高质量发展具有积极的正向影响。我国经济发展已进入后工业时代，高技术产业和服务业将成为经济增长的新极核，推进产业结构调整和优化是转变经济发展方式、提高经济发展质量的重要途径，也是推动高质量发展的必然选择。资本密集度系数均为负，且在10%的水平上通过了显著性检验，表明全社会固定资产资本存量越高，对高质量发展的抑制作用越显著。长期以来，我国经济增长过度倚重交通、水利等基础设施投资，以投资拉动内需，促进经济增长。殊不知，过度的基础设施投资对污染治理和技术创新投资产生资金挤出效应，不利于提升经济发展质量，抑制高质量发展。

3. 地区层面回归结果分析

我国幅员辽阔，东部、中部、西部地区因资源禀赋、区位优势、经济水平等因素差异，环境规制对高质量发展的影响可能会存在区域异质性。为此，本节将深入探讨环境规制对高质量发展的影响是否存在区域差异，不仅能为环境规制对高质量发展影响的空间异质性提供理论依据，而且也能为未来政府差异化拟订环境政策提供决策参考，切实做到环境政策因地制宜、因情施策，精准治污。

表4-9和表4-10分别报告了以经济距离和地理距离为空间权重矩阵的东部、中部和西部地区环境规制对高质量发展影响的估计结果①。不难发现，无论是经济距离还是地理距离的空间权重矩阵，各变量的直接效应、间接效应和总效应估计系数和显著性都几乎趋近一致。然而，相比地理距离空间权重矩阵，经济距离空间权重矩阵能更好地反映环境规制对高质量发展的影响关系。

基于此，本节将着重分析在经济距离空间权重矩阵设定下地区层面的估计结果，同时也将报告地理距离空间权重矩阵设定下的模型估计结果，并将该结果作为稳健性检验。

---

① 按照统计年鉴划分标准，东部地区包括：北京、天津、河北、辽宁、上海、江苏、浙江、福建、山东、广东、海南；中部地区包括：山西、吉林、黑龙江、安徽、江西、河南、湖北、湖南；西部地区包括：内蒙古、广西、重庆、四川、贵州、云南、陕西、甘肃、青海、宁夏、新疆。

表4-9 　　　　　　　　**地区层面空间计量模型回归结果（W^e）**

变量	东部地区			中部地区			西部地区		
	直接效应（13）	间接效应（14）	总效应（15）	直接效应（16）	间接效应（17）	总效应（18）	直接效应（19）	间接效应（20）	总效应（21）
ers	0.021 (0.070)	-0.440 (0.347)	-0.419 (0.372)	-0.090 (0.203)	-1.303 ** (0.662)	-1.393 * (0.819)	-0.138 ** (0.057)	-0.094 (0.070)	-0.232 ** (0.106)
ers^2	-0.009 (0.026)	0.174 (0.160)	0.165 (0.181)	-0.085 (0.093)	0.289 (0.288)	0.204 (0.362)	0.015 *** (0.006)	0.012 ** (0.006)	0.027 * (0.011)
$industry$	0.260 *** (0.096)	0.033 *** (0.010)	0.293 *** (0.098)	0.077 (0.059)	0.075 (0.066)	0.152 (0.123)	0.108 ** (0.052)	0.013 (0.009)	0.121 ** (0.058)
$government$	0.515 *** (0.199)	0.071 ** (0.036)	0.586 *** (0.218)	-0.625 (0.420)	-0.618 (0.549)	-1.243 * (0.720)	0.256 ** (0.128)	-0.264 * (0.137)	-0.008 (0.146)
$education$	0.095 (0.424)	0.740 *** (0.256)	0.835 * (0.482)	3.226 *** (1.241)	3.178 ** (1.537)	6.404 ** (2.650)	1.900 ** (0.818)	0.898 (0.893)	2.798 *** (0.889)
$asset$	-0.632 (0.366)	-0.102 (0.088)	-0.733 * (0.440)	-0.439 * (0.252)	-0.430 (0.300)	-0.869 (0.535)	-0.304 (0.746)	-0.056 (0.114)	-0.359 (0.847)
rho	32.944 *** (11.482)			137.989 *** (16.887)			17.525 ** (8.098)		
$sigma2\_e$	0.013 *** (0.003)			0.016 *** (0.004)			0.023 *** (0.003)		
Obs	165			120			165		
R^2	0.017			0.016			0.036		
$LogL$	122.956			69.821			76.927		

注：* 、** 、*** 分别表示在 10%、5%、1% 的水平上统计显著，括号内是聚类稳健性标准误。

表4-10 　　　　　　　　**地区层面空间计量模型回归结果（W^d）**

变量	东部地区			中部地区			西部地区		
	直接效应（22）	间接效应（23）	总效应（24）	直接效应（25）	间接效应（26）	总效应（27）	直接效应（28）	间接效应（29）	总效应（30）
ers	-0.047 (0.081)	-1.140 ** (0.574)	-1.187 * (0.619)	0.290 ** (0.134)	0.744 ** (0.360)	1.034 ** (0.483)	-0.088 * (0.050)	-0.175 * (0.101)	-0.264 ** (0.120)

续表

变量	东部地区			中部地区			西部地区		
	直接效应(22)	间接效应(23)	总效应(24)	直接效应(25)	间接效应(26)	总效应(27)	直接效应(28)	间接效应(29)	总效应(30)
ers^2	-0.021 (0.014)	0.112 (0.127)	0.091 (0.135)	-0.208*** (0.065)	-0.554** (0.225)	-0.762*** (0.282)	0.010* (0.005)	0.007 (0.004)	0.016* (0.009)
$industry$	0.188 (0.118)	-0.029 (0.142)	0.158 (0.127)	0.083 (0.074)	0.212 (0.208)	0.295 (0.280)	0.116* (0.061)	0.083 (0.056)	0.199* (0.109)
$government$	0.799*** (0.196)	0.734*** (0.257)	1.533*** (0.404)	-0.900*** (0.230)	-2.448*** (0.795)	-1.548* (1.002)	0.474** (0.195)	-0.826*** (0.309)	-0.352 (0.286)
$education$	0.048 (0.481)	0.662 (1.279)	0.710 (1.162)	2.688*** (0.662)	7.153*** (2.525)	9.841*** (3.068)	1.663** (0.816)	2.115 (2.174)	3.778* (1.987)
$asset$	-0.656 (0.380)	-0.627 (0.440)	-1.283 (0.798)	-0.136 (0.268)	-0.420 (0.840)	-0.556 (1.103)	-0.575 (0.848)	-0.383 (0.681)	-0.958 (1.493)
rho		31.161*** (4.202)			2.547*** (0.141)			0.940*** (0.220)	
$sigma2\_e$		0.011*** (0.003)			0.006*** (0.001)			0.020*** (0.002)	
Obs		165			120			165	
R^2		0.231			0.274			0.169	
$LogL$		134.032			115.576			86.008	

注：*、**、***分别表示在10%、5%、1%的水平上统计显著，括号内是聚类稳健性标准误。

（1）环境规制对各地区高质量发展的影响。从东部、中部和西部地区的估计系数看，环境规制一、二次项对地区高质量发展影响的系数符号与全国层面一致，表明环境规制对不同地区高质量发展的影响也呈 U 形曲线动态特征。但东部地区的估计结果中，环境规制一、二次项均未通过显著性检验，表明环境规制政策对东部地区高质量发展的影响程度不明显。国家统计局数据显示，2003～2017 年我国东部地区第三产业增加值占国内生产总值比重从 41.74% 增长至 55.58%，年均增长率为 2.07%。显而易见，东部地区大部分省份作为我国改革的先行者和试验区，供给侧结构性改革已初显成效，经济增长新旧动能转换基本完成，环境质量已得到明显改善，经济发展质量显著提升。因此，环境规制对东部地区高质量发展的促进作用不显著。然而，与东部和中部地区相比，环境规制对西部地区高质量发展影响的估计系数最大，显著性也最高。该结果表明，对西部地区而言，环境规制能够显著改善生态环境质量，提升经济发展质量。但值得注意的是，在西部地区拟订和实施环境政策时，既要识别环境规制对经济发展质量的促进作用，也要重视环境规制对经济增长数量的抑制作用。因此，唯有同时兼顾提高经济增长数量和质量，方能在环境治理中做到"精准施策"，全面提升西部地区高质量发展水平。

（2）控制变量对各地区高质量发展的影响。从东部地区来看，产业结构、受教育程度的系数都为正，且在10%的统计水平上通过了显著性检验，说明调整和优化产业结构与提高人力资本质量对东部地区高质量发展存在显著的正向影响，这与全国层面估计结果一致。资本密集度估计系数在10%的统计水平上显著为负，表明降低全社会固定资本存量有利于提高东部地区高质量发展水平。政府干预估计系数为正，且在1%的统计水平上显著，与全国层面直接效应的估计结果基本吻合，说明政府干预对东部地区高质量发展发挥了积极的促进作用。该结论与2013年以来我国在东部地区设立自由贸易区，拉动经济高速增长的事实相符。显而易见，政府干预的政策驱动效应已成为推动东部地区高质量发展的重要影响因素。

从中部地区来看，受教育程度估计系数均为正且均通过了1%的显著性检验。与东部地区类似，都具有正向促进作用，但强度明显增加，说明加强人才积累对推进中部地区高质量发展具有更重要的战略意义。这与近年来我国中部地区推出各项人才引进政策不谋而合，提高人才积累效应对持续提升经济发展质量发挥了积极作用。产业结构估计系数为正，但均未通过显著性检验，说明调整与优化产业结构对推进中部地区高质量发展的边际贡献率不明显，这与东部地区结果不一致，恰好佐证了存在空间异质性。值得注意的是，政府干预系数为负且在10%的水平上统计显著。对中部地区而言，政府干预对经济发展质量并无显著影响，但却对经济增长数量产生负向影响，因而阻碍了经济高质量发展，这与王群勇和陆凤芝（2018）的研究结论一致。

从西部地区来看，产业结构与受教育程度估计系数显著为正，与全国和东部地区回归结果一致，说明产业结构升级与人才积累效应对西部地区高质量发展都发挥了积极的推动作用。政府干预的系数为负，但统计不显著，表明政府干预对西部地区高质量发展的抑制作用不明显，存在的原因与中部地区类似，此处不再赘述。与全国和东部地区不同的是，中部和西部地区资本密集度估计系数为负，但均不显著，表明全局性的抑制作用对局部地区未必成立，印证了资本密集度的空间异质性。

4. 高质量发展自身的影响

从表4-8、表4-9和表4-10可以看出，不论是全国层面，还是地区层面，空间自回归系数（ρ）、时间滞后项系数（χ）都在5%的统计水平上显著为正，表明了高质量发展自身存在显著的空间溢出效应和时间滞后效应。

从区域空间异质性角度看，中部地区高质量发展自身存在的空间溢出效应比东部和西部地区明显偏大。究其原因是，中部地区位于东、西部地区的承接地带，发挥着桥梁和纽带作用，提高中部地区高质量发展自身的空间溢出效应，有助于推进东部、中部和西部地区经济协调均衡发展。从时间滞后效应看，东部、中部和西部地区的时间滞后效应都显著为正，且程度相当，说明东部、中部和西部地区高质量发展都存在显著的时间滞后效应。因此，高质量发展的空间溢出效应不仅能提高自身区域经济发展质量，而且也能对相邻地区经济高质量发展产生"见贤思齐"的作用。不仅如此，高质量发展的时间滞后效应对地区自身高质量发展还存在累积效应。

六、本章小结

本章基于2003~2017年我国30个省份面板数据，在充分借鉴现有文献的基础上，紧扣创新、协调、绿色、开放、共享新发展理念，选取经济增长总量、提质增效、创新驱动、结构调整、绿色发展、对外开放和民生保障等7个维度构建高质量发展综合评价指标指数体系，利用熵值法权重赋值测算了我国30个地区高质量发展综合评价指数。同时，构建系统GMM

面板模型和动态空间 Dubin 模型实证分析了环境规制对高质量发展的影响，得出以下研究结论：

第一，环境规制对高质量发展的影响呈 U 形曲线动态特征。宽松的环境规制政策不仅对经济发展质量提升作用不显著，而且显著降低了经济增长数量，对高质量发展产生抑制作用。适当且严格的环境规制倒逼企业技术创新，提高要素效率和技术效率，既能提高经济增长数量，也能提升经济发展质量，助推高质量发展。

第二，环境规制对地区高质量发展存在显著的空间异质性。东部地区作为我国改革的先行者和试验区，供给侧结构性改革已初显成效，经济增长新旧动能转换基本实现，环境质量得到明显改善和提升，从而环境规制对东部地区高质量发展影响不明显。环境规制对西部地区高质量发展影响的估计系数最大，显著性也最高，说明环境规制对推动西部地区高质量发展发挥了积极作用。

第三，高质量发展存在显著的空间溢出效应和时间滞后效应。高质量发展的空间溢出效应不仅能提高自身区域经济发展质量，而且也对邻近区域经济高质量发展产生"见贤思齐"的作用。同时，高质量发展的时间滞后效应对地区自身高质量发展还存在累积效应。

第四，加强中部地区空间关联效应和人才累积效应，促进区域协调均衡发展，推动全局高质量发展。调整产业结构和提高人才积累效应是推动高质量发展的重要抓手。政府干预是东部地区高质量发展的重要推动力之一，但对中部地区经济增长数量产生负向影响，对经济发展质量无显著影响，从而对中部地区高质量发展产生负向抑制作用。虽然资本密集度对中、西部地区高质量发展的抑制作用不显著，但对东部地区却存在显著的抑制作用。大量固定资产投资对污染治理和技术创新投资产生资金挤出效应，不利于提升经济发展质量，抑制高质量发展。

第五章

环境规制对技术创新的影响及门槛效应研究[*]

一、引　言

改革开放 40 多年以来，我国工业化进程稳步推进，经济高速增长，按照可比价格计算，国内生产总值年均增长率约 9.5%，以美元计算，我国对外贸易额年均增长约 14.5%，成为世界第二大经济体、第一大工业国、第一大货物贸易国。但是，在看到经济增长取得显赫成绩的同时，也要清醒地认识到粗放型经济增长方式必然会造成资源浪费和环境恶化等问题。2020 年生态环境部发布《中国生态环境状况公报（2019）》指出，2019 年全国 337 个地级及以上城市中，有 180 个城市环境空气质量超标，占比 53.4%。在地表水监测的 1931 个水质断面中水质总体较差，Ⅰ～Ⅲ类水质断面占比为 74.9%，Ⅳ～Ⅴ类占比为 21.7%，劣Ⅴ类占比为 3.4%。在生态环境质量评估中，近三成的县域面积被评估为质量较差。因此，环境污染对生态环境已造成了严重的破坏。

近年来，随着环境污染日益加剧，政府不断强化对环境污染的监管与治理，逐步建立和完善了生态环境监管体系，环境污染治理成效初显，环境质量得到持续改善。虽然环境规制在控制企业排污中发挥了重要作用，但也间

　　* 本章原以《环境规制与技术创新双赢的帕累托最优区域研究——基于中国 35 个工业行业面板数据的经验分析》为题发表于《软科学》2019 年 9 月，作者为石华平、易敏利。

接地增加了企业生产成本，降低了市场竞争力，在一定程度上影响了企业技术创新。因此，实现环境保护与技术创新"共赢"，关键在于政府如何拟定和实施环境规制政策。

国内外学者关于环境规制对技术创新的影响进行了深入研究，取得了丰硕的研究成果，为本研究提供了参考借鉴。现有文献从不同角度研究发现，环境规制与技术创新呈 U 形曲线关系，即随着环境规制由弱变强，对技术创新的影响表现出先降低后提升的趋势。根据过往研究结论，学者们普遍形成了一个政策共识，当环境规制达到一定程度时，提高环境规制必然会促进技术创新。那么，当环境规制跨越 U 形曲线拐点后，环境规制对技术创新的影响一定是线性关系吗？是否环境规制政策越严格就越有利于促进技术创新？如若不是，环境规制对技术创新的影响是否存在双门槛效应？然而，现有文献关于环境规制对技术创新影响呈 U 形曲线关系（单门槛效应）的研究较多，但关于环境规制对技术创新的影响呈倒 N 形曲线关系（双门槛效应）却鲜有研究，以及环境保护与技术创新"共赢"的帕累托最优区域研究仍属于空白。

基于此，本章试图探讨环境规制与技术创新呈倒 N 形曲线关系，即环境规制对技术创新的影响存在双门槛效应。首先，通过固定效应和系统 GMM 估计方法初步检验环境规制与技术创新之间存在倒 N 形曲线动态特征。其次，构建门槛效应模型，再次检验环境规制与技术创新之间是否存在双门槛效应，并测算环境规制的双门槛值和估计系数以及显著性。最后，确定环境保护与技术创新"共赢"的帕累托最优区域，并判断现阶段我国 30 个省份的环境规制强度所在区间，为制定差异化的环境规制政策提供决策参考。

二、环境规制对技术创新影响的数理分析

一般而言，按生产方式将厂商分为清洁生产厂商和污染生产厂商，清洁生产厂商对社会产生正外部性，污染生产厂商对社会产生负外部性，且污染产出与总产出呈正向相关。为方便起见，基于环境规制的研究主题，本节假定厂商均为污染生产厂商。特别指出的是，在环境规制政策约束下，厂商的

污染排放必须在政府允许的控制范围内。

根据内生经济增长理论，发明和创新等技术进步可视为内生性要素。为区分厂商生产经营与技术创新活动，分别将 K_A，L_A 作为厂商技术创新投入的资本和劳动，K_P，L_P 作为厂商生产经营投入的资本和劳动。假设技术创新满足希克斯中性条件，生产函数 $Y = A(K_A, L_A) F(K_P, L_P)$，其中，$A(K_A, L_A)$ 表示厂商技术创新能力，与技术创新资本（K_A）和劳动（L_A）投入相关。$F(K_P, L_P)$ 表示厂商生产经营能力，与生产经营的资本（K_P）和劳动（L_P）投入有关。此外，假设厂商处在完全竞争的市场环境中，属于价格被动接受者。

根据第四章对污染治理方式的定义与分类，本节依然沿用上述两种污染治理方式：一是先污染后治理的事后治理方式。该方式采取末端污染治理，减少污染排放，称为"治污技术效应"。二是边污染边治理的事中治理方式。该方式通过开展技术创新提高技术要素效率，从源头减少污染产生，降低污染排放，称为"创新补偿效应"。上述两种污染减排方式既有共性，也有个性。共性是减少污染排放。在个性方面，事后治理方式只能实现污染减排，无法提高企业生产率，而事中治理方式既能实现污染减排，还能促进企业技术创新，提高全要素生产率。

本节借鉴张成等（2011）的研究思路，将厂商生产集划分为总生产集和治污生产集。其中，总生产集 $Y = A(K_A, L_A) F(K_P, L_P)$，治污生产集 $G = \alpha Y$，$0 < \alpha < 1$，α 为治污投入占总投入的比重。即 $G = \alpha A(K_A, L_A) F(K_P, L_P)$，$\alpha$ 代表厂商对环境规制（R）的反应程度，与环境规制强度正相关。厂商的污染排放量受总产出规模和污染治理共同影响，且与总产出规模正相关，与污染治理负相关。基于此，假设污染函数 $W = W(Y, G)$，$W'_Y > 0$，$W'_G < 0$，其中，Y 为总产出规模，G 为污染治理。厂商以追求利润最大化为目标，那么，利润最大化的目标函数可表述为：

$$\max \Pi = P \big[A(K_A, L_A) F(K_P, L_P) - \alpha A(K_A, L_A) F(K_P, L_P) \big] \quad (5.1)$$

$$s.t \quad W \big[A(K_A, L_A) F(K_P, L_P), \alpha A(K_A, L_A) F(K_P, L_P) \big] = R \quad (5.2)$$

一阶优化条件为：

$$P(1 - \alpha) A'(K_A, L_A) F(K_P, L_P) + \lambda \frac{\partial W}{\partial K_A} = 0 \quad (5.3)$$

$$P(1 - \alpha) A'(K_A, L_A) F(K_P, L_P) + \lambda \frac{\partial W}{\partial L_A} = 0 \quad (5.4)$$

$$P(1-\alpha)A(K_A, L_A)F'(K_P, L_P) + \lambda \frac{\partial W}{\partial K_P} = 0 \tag{5.5}$$

$$P(1-\alpha)A(K_A, L_A)F'(K_P, L_P) + \lambda \frac{\partial W}{\partial L_P} = 0 \tag{5.6}$$

$$-PA(K_A, L_A)F(K_P, L_P) + \lambda \frac{\partial W}{\partial \alpha} = 0 \tag{5.7}$$

由式 (5.7) 可得:

$$P = \lambda \frac{\partial W}{\partial G} \tag{5.8}$$

将式 (5.8) 代入式 (5.3), 化简得:

$$\frac{\partial W}{\partial G} + \frac{\partial W}{\partial Y} = 0 \tag{5.9}$$

式 (5.9) 表明, 在环境规制政策约束下, 厂商的最优生产策略必须满足生产边际污染增加等于治污边际污染减少。

根据厂商的两种污染治理方式可将技术创新 (I) 分为生产技术创新 (I_A) 和治污技术创新 (I_G), 且满足 $I(A, G) = I_A(A, G) + I_G(A, G)$。因此, 厂商在追求利润最大化目标时, 技术创新 (I) 受生产技术创新 (I_A) 和治污技术创新 (I_G) 共同影响, 且 $I'_A(A, G) > 0$, $I'_G(A, G) > 0$。

$$I'_A(A, G) = \frac{\partial I}{\partial W} \times \frac{\partial W}{\partial A} + \frac{\partial I}{\partial W} \times \frac{\partial W}{\partial G} \times \frac{\partial G}{\partial A} > 0 \tag{5.10}$$

由约束方程 (5.2) 可知, 污染函数 (W) 相当于厂商对环境规制 (R) 的反应程度。一般而言, 环境污染越严重, 环境规制就越严格, 污染治理强度则越大 (陶群山和胡浩, 2011)。所以, 环境规制可由厂商的污染函数替代。当厂商处于宽松的环境规制政策中, 污染排放量较多, 反之污染排放量较少。

根据 $\frac{\partial W}{\partial A} = \frac{\partial W}{\partial Y} \times F + \frac{\partial W}{\partial G} \times \alpha F$ 和 $\frac{\partial W}{\partial G} + \frac{\partial W}{\partial Y} = 0$, 化简得:

$$\frac{\partial W}{\partial A} = (1-\alpha)\frac{\partial W}{\partial Y} \times F \tag{5.11}$$

将式 (5.9)、式 (5.11) 和 $\frac{\partial G}{\partial A} = \alpha F$ 代入式 (5.10), 得到:

$$I'_A(A, G) = \frac{\partial I}{\partial W}(1-\alpha)\frac{\partial W}{\partial Y} \times F + \frac{\partial I}{\partial W}\left(-\frac{\partial W}{\partial Y}\right) \times \alpha F > 0$$

化简得：

$$I'_A(A,G) = \left(\frac{\partial I_A}{\partial W} + \frac{\partial I_G}{\partial W}\right) \times (1-2\alpha)\frac{\partial W}{\partial Y} \times F > 0 \qquad (5.12)$$

进一步验证：

$$\frac{\partial W}{\partial K_A} = \frac{\partial W}{\partial Y} \times A' \times F + \frac{\partial W}{\partial G} \times A' \times \alpha F = (1-\alpha)\frac{\partial W}{\partial Y} \times A' \times F > 0$$

又由于 $W'_Y > 0$，所以，$(1-\alpha)A' \times F > 0$。由式（5.3）可知，$\lambda < 0$。将 $\lambda < 0$ 代入式（5.7），得到 $\frac{\partial W}{\partial \alpha} < 0$。因此，厂商提高污染治理投入占总投入的比重，污染排放量会不断降低（陆旸和郭路，2008）。

（1）当 $\alpha \in (0, 1/2)$ 时，由式（5.12）可知，$\frac{\partial I_A}{\partial W} + \frac{\partial I_G}{\partial W} > 0$。由于 $\frac{\partial W}{\partial G} < 0$ 和 $\frac{\partial I_G}{\partial G} > 0$，可知 $\frac{\partial I_G}{\partial W} < 0$。进一步分析，可知 $\frac{\partial I_A}{\partial W} > 0$。如上文所述，$\alpha$ 被看作环境规制（R）的反应程度，当 $\alpha \in (0, 1/2)$ 时，厂商处于宽松的环境规制政策，随着环境规制政策不断增强，厂商污染排放量不断减少，厂商生产技术创新也随之下降，环境规制抑制技术创新。究其原因是，厂商采用事后治理方式，通过购置污染净化设备采取末端治理减少污染排放。在厂商资本存量固定的前提下，污染治理投入对技术创新投资产生资金挤出效应，阻碍技术创新。

（2）当 $\alpha \in (1/2, 1)$ 时，$\frac{\partial I_A}{\partial W} + \frac{\partial I_G}{\partial W} < 0$。由上文可知 $\frac{\partial I_G}{\partial W} < 0$，所以 $\frac{\partial I_A}{\partial W}$ 的符号仍无法确定。接下来，按照环境规制强度（α）的大小进行分类讨论，以确定 $\frac{\partial I_A}{\partial W}$ 的符号。

①对特殊情况进行讨论。第一，当 $\alpha \in (1/2, 1)$，且 $\alpha \to 1/2$ 时，环境规制政策仍相对宽松，如上述情形（1），厂商继续采用事后治理方式，$\frac{\partial I_G}{\partial W} < 0$，$\frac{\partial I_A}{\partial W} > 0$，环境规制抑制技术创新。第二，当 $\alpha \in (1/2, 1)$，且 $\alpha \to 1$ 时，环境规制越来越严格并近乎苛刻要求，环境规制的遵循成本不仅挤占了技术创新资金，而且对厂商生产经营活动投入也产生了资金挤出效应。当环境规制持续增强，厂商降低污染排放的能力接近极限，厂商被迫清洁生产，

生产技术创新呈下降趋势，即 $\frac{\partial I_G}{\partial W} < 0$，$\frac{\partial I_A}{\partial W} > 0$，环境规制抑制技术创新。主要原因在于，严格的环境规制政策迫使厂商投入大量资金用于污染治理，对生产技术创新和治污技术创新都产生资金挤出效应，抑制技术创新。

②对一般情况进行讨论。第一，假设 $\beta \in (1/2,\ 1)$，当 $\alpha \in (1/2,\ \beta)$ 时，环境规制强度比较适中，随着环境规制政策逐渐增强，污染排放量不断减少，而生产技术创新却逆势上升，$\frac{\partial I_G}{\partial W} < 0$，$\frac{\partial I_A}{\partial W} < 0$，即适当且严格的环境规制促进了技术创新。第二，当 $\alpha \in (\beta,\ 1)$ 时，环境规制趋近非常严格，如上述特殊情况中的第二种情形，$\frac{\partial I_G}{\partial W} < 0$，$\frac{\partial I_A}{\partial W} > 0$，环境规制抑制技术创新。

由此可见，随着环境规制逐渐增强，$\frac{\partial I_A}{\partial W}$ 的符号为正、负、正，即环境规制对技术创新的影响呈先抑制、后促进、再抑制的倒 N 形曲线关系。所以，厂商将依据不同的环境规制政策强度相机抉择是否进行技术创新。

本节将依据环境规制不同强度，分阶段讨论环境规制对技术创新的影响。

第一阶段：环境规制强度较弱，即 $\alpha \in (0,\ 1/2)$，$\frac{\partial I_A}{\partial W} > 0$。厂商处于相对宽松的环境规制政策，无论是购置治污设备，还是经济罚款或政府寻租，厂商承担环境规制的遵循成本相对较低，难以激励厂商技术创新投资，阻碍技术创新。

第二阶段：环境规制强度中等适宜，即 $\alpha \in (1/2,\ \beta)$，$\frac{\partial I_A}{\partial W} < 0$。随着环境规制逐渐增强，事后治理方式的污染治理设备购置成本迅速增加，而且污染治理效果也随着污染治理投资增加呈边际递减趋势。长此以往，事后治理方式不仅难以满足环境规制要求，也不利于厂商长远发展战略。此时，环境规制倒逼厂商从事后治理方式转向事中治理方式，加强自主创新，提高资源要素配置效率，提升经济发展质量。

第三阶段：环境规制强度异常严格，即 $\alpha \in (\beta,\ 1)$，$\frac{\partial I_A}{\partial W} > 0$。倘若政府

过度重视生态环境保护，忽视技术创新在污染治理中的作用，就难免会犯本末倒置的错误。当环境规制强度持续增强，一旦超出厂商污染治理能力范围，甚至通过技术创新提升技术效率也难以满足政策要求。环境规制遵循成本对技术创新的资金挤出效应超出了厂商可承受范围，厂商被迫减产停产，最终摒弃自主技术创新。

综上所述，环境规制与技术创新之间存在两个拐点，当环境规制强度在第一个拐点范围内时，宽松的环境规制对技术创新的激励作用不明显，不利于促进企业技术创新。当环境规制强度超过第二个拐点时，过于严格的环境规制遵循成本超出了厂商可承受范围，最终会适得其反，厂商被迫摒弃自主技术创新。所以，唯有当环境规制强度处于两个拐点范围内的帕累托最优区域时，环境规制对技术创新才会产生显著的促进作用。

三、环境规制对技术创新影响的帕累托最优区域研究

（一）模型构建

为检验环境规制对技术创新的影响，本节分别以专利授权量（*patent*）和研究与开发（*R&D*）内部经费投入（*capital*）替代技术创新指标作为被解释变量，将环境规制（*ers*）和经济发展水平（*economic*）作为核心解释变量。基本计量模型构建如下：

$$\ln patent_{it} = \alpha + \beta ers_{it} + \gamma economic_{it} + X_{it} + v_i + v_t + \varepsilon_{it} \tag{5.13}$$

$$\ln capital_{it} = \alpha + \beta ers_{it} + \gamma economic_{it} + X_{it} + v_i + v_t + \varepsilon_{it} \tag{5.14}$$

根据上一节数理模型的研究结论，考虑到环境规制对技术创新的影响大致呈倒 N 形曲线关系，为进一步检验二者之间倒 N 形非线性关系，本节在基本计量模型（5.13）和模型（5.14）的基础上，分别引入环境规制二次项、三次项构建扩展计量模型。扩展后的基本计量模型构建如下：

$$\ln patent_{it} = \alpha + \beta_1 ers_{it} + \beta_2 ers_{it}^2 + \beta_3 ers_3^3 + \gamma economic_{it} + X_{it} + v_i + v_t + \varepsilon_{it}$$

$$\tag{5.15}$$

$$\ln capital_{it} = \alpha + \beta_1 ers_{it} + \beta_2 ers_{it}^2 + \beta_3 ers_3^3 + \gamma economic_{it} + X_{it} + v_i + v_t + \varepsilon_{it}$$

$$\tag{5.16}$$

一般而言，技术创新存在路径依赖性，且呈连续性动态调整的过程，容易受前期技术创新水平的影响，可能存在时间滞后效应。所以，在上述扩展计量模型（5.15）和模型（5.16）中再引入技术创新一阶滞后项，构建动态模型控制技术创新的时间滞后效应。扩展后的动态面板模型构建如下：

$$\ln patent_{it} = \alpha + \mu \ln patent_{i,t-1} + \beta_1 ers_{it} + \beta_2 ers_{it}^2 + \beta_3 ers_{it}^3$$
$$+ \gamma economic_{it} + X_{it} + v_i + v_t + \varepsilon_{it} \tag{5.17}$$

$$\ln capital_{it} = \alpha + \mu \ln capital_{i,t-1} + \beta_1 ers_{it} + \beta_2 ers_{it}^2 + \beta_3 ers_{it}^3$$
$$+ \gamma economic_{it} + X_{it} + v_i + v_t + \varepsilon_{it} \tag{5.18}$$

$$X_{it} = \lambda_1 education_{it} + \lambda_2 scale_{it} + \lambda_3 ownership_{it}$$

其中，下标 i 和 t 分别表示地区和年份，$patent_{it}$ 和 $capital_{it}$ 是被解释变量，表示技术创新水平。$patent_{i,t-1}$ 和 $capital_{i,t-1}$ 表示技术创新一阶滞后项。ers_{it} 和 $economic_{it}$ 是核心解释变量，表示环境规制强度和经济发展水平。X_{it} 表示控制变量，v_i 和 v_t 分别表示地区效应和年份效应，ε_{it} 表示随机扰动项。为避免多重共线性以及随机误差项的异方差性，对被解释变量及一阶滞后项分别取自然对数进行变换。

（二）变量选取

1. 被解释变量：技术创新

目前，学术界关于衡量技术创新的指标仍未达成一致共识，国内外学者通常采用专利授权量、专利申请量、研究与开发内部经费投入、发明专利数量、新型专利数量、外观设计专利数量等。总体而言，尽管上述方法尚能较好地衡量技术创新指标，但也还存在争议。目前，迫于难以找到更好的替代指标，多数学者仍采用上述指标衡量技术创新。因此，本章将从技术创新的投入与产出两个方面选取替代指标衡量技术创新，分别选取研究与开发内部经费投入（capital）和专利授权量（patent）。

（1）研究与开发内部经费投入（capital）。研究与开发内部经费投入是技术创新的物质基础，保证创新研究与开发工作顺利进行。建设创新型国家，必须提供强大的创新资金作为物质保障。研究与开发内部经费投入是技术创新投入的重要指标，反映了技术创新的投资状况，能够在一定程度上体现技术创新水平（江珂和卢现祥，2011）。研究与开发内部经费投入越多，预示着技术创新水平越高。

（2）专利授权量（*patent*）。建设创新型国家，必须建立在丰富的技术创新成果基础上，而专利授权量作为技术创新产出的重要衡量指标之一，是创新能力的价值体现。由于部分发明专利虽已提交了专利申请却未能获得专利授权，不能认定为创新成果。所以，将专利申请量作为技术创新的替代指标未免有些牵强。因此，本章以专利授权量作为衡量技术创新的替代指标，能有效地反映技术创新能力。专利授权量越多，表明企业技术创新能力越强。

2. 解释变量

（1）环境规制（*ers*）。目前，环境规制的量化指标不统一，现有文献采用多种不同的指标替代衡量，如不同污染物排放密度、排污费收入、环境政策法规条例数量、人均 GDP、污染投入占总值的比重、排污综合指数法等。因单一指标缺乏足够说服力，本章仍选取各地区工业二氧化硫排放量、工业烟（粉）尘排放量、工业废水排放量和工业固体废物综合利用率 4 个评价指标作为衡量环境规制的评价指标层，利用排污综合指数法测算环境规制指标，具体测算过程详见第四章。

（2）经济发展水平（*economic*）。地区经济发展水平在某种程度上体现了区位环境、资源禀赋、人才积累等比较优势水平，对技术创新能力产生影响。由于我国区域发展不平衡不充分的现象仍然存在，经济发展水平差异势必会影响技术创新能力。地区经济发展水平越高，越有利于促进企业技术创新。目前，学术界衡量经济发展水平的指标通常采用人均地区 GDP 表示，为保持数据可比性，本章以 GDP 名义值和增长指数为基础数据折算一个以 2003 年为基期的 GDP 平减指数，再进行 GDP 平减，将平减后实际人均地区 GDP（单位：元）作为衡量经济发展水平的替代指标。

3. 控制变量

（1）受教育程度（*education*）。人才是创新之源，也是创新核心要素。人才引领创新，创新驱动发展。受教育程度反映了人力资本积累程度，提高受教育年限，有助于加快创新型人才积累，促进技术创新。具体测算方法详见第四章。

（2）企业规模（*scale*）。企业规模是市场竞争力的重要衡量指标之一，也是技术创新的主要影响因素。企业规模在一定程度上影响技术创新能力，已得到国内外学术界的充分认可。扩大企业规模既有助于实现规模经济，提高资源配置效率，也能发挥区域资源整合优势，实现创新成果互利共享，提升自身创新能力。同时，扩大企业规模也是促进创新能力形成与开展创新活动的重要因素（张杰等，2007）。本章采用规模以上工业企业资产与企业单位数的比值测算工业企业平均规模作为企业规模的替代变量。

（3）所有制结构（*ownership*）。因企业性质不同，国有企业与非国有企业的资源禀赋和人才优势也不尽相同。虽然国有企业的资源禀赋和人才储备相对非国有企业更具有比较优势，但自主创新的驱动力却远不及非国有企业，因而国有企业与非国有企业的技术创新能力存在较为明显的差异（刘伟和薛景，2015）。本章利用规模以上国有控股工业企业资产占规模以上工业企业资产的比重来衡量所有制结构。

（三）数据来源及统计分析

本章选取了 2003～2017 年我国 30 个省份（西藏自治区和港澳台地区除外）的面板数据，所有数据均来源于《中国科技统计年鉴》《中国统计年鉴》《中国环境统计年鉴》《中国工业统计年鉴》，变量数据的描述性统计分析结果如表 5-1 所示。

表 5-1　　　　　　　　　　变量描述性统计分析

变量	观测值	均值	标准差	最小值	最大值
patent	450	2.614	4.788	0.007	33.265
capital	450	42.172	90.994	0.169	741.240
ers	450	0.987	1.176	0.013	8.317
economic	450	2.656	1.986	0.360	12.618
education	450	8.599	0.984	6.040	12.502
scale	450	2.662	2.204	0.491	14.725
ownership	450	0.532	0.183	0.140	0.890

（四）基本回归结果分析

通常，为避免因多重共线性问题引起估计结果出现偏误，在回归分析前需进行多重共线性检验，以观察各变量之间的相关系数。首先，所有变量之间的相关系数均低于0.8，初步判断模型不存在多重共线性问题。其次，进一步采用方差膨胀因子进行检验，VIF均值为2.28，且所有VIF都低于4，表明所有变量之间不存在严重的多重共线性问题。

在计量回归分析前，通过BP－LM检验显示，随机效应优于混合OLS。其次，利用Hausman检验结果，判断固定效应优于随机效应。因此，根据检验结果判断认为，应采用固定效应进行计量模型检验。

表5－2是采用固定效应和系统GMM动态回归方法拟合环境规制对技术创新影响的估计结果。在固定效应拟合回归中，将专利授权量和研究与开发内部经费投入作为技术创新的替代指标与环境规制进行回归估计，以检验环境规制对技术创新的影响。模型（1）和模型（2）回归结果显示，环境规制一次项、二次项、三次项的估计系数符号分别为负、正、负，且在10%的水平上都统计显著。从环境规制估计系数的符号可初步判断环境规制与技术创新之间呈倒N形曲线关系，符合研究预期。

表5－2　　　　　　　环境规制对技术创新影响的估计结果

变量	固定效应		系统 GMM	
	lnpatent (1)	lncapital (2)	lnpatent (3)	lncapital (4)
L. lnpatent			0.875 *** (0.029)	
L. lncapital				0.842 *** (0.048)
ers	−0.467 *** (0.136)	−0.282 *** (0.104)	−0.197 *** (0.052)	−0.259 ** (0.102)
ers^2	0.142 *** (0.046)	0.081 ** (0.035)	0.051 *** (0.015)	0.058 ** (0.027)

变量	固定效应		系统 GMM	
	lnpatent (1)	lncapital (2)	lnpatent (3)	lncapital (4)
ers^3	− 0. 011 *** (0. 004)	− 0. 005 * (0. 003)	− 0. 005 *** (0. 001)	− 0. 005 ** (0. 002)
economic	0. 278 *** (0. 024)	0. 239 *** (0. 018)	0. 002 (0. 014)	0. 026 (0. 016)
education	0. 523 *** (0. 051)	0. 260 *** (0. 039)	0. 046 ** (0. 019)	0. 045 ** (0. 022)
scale	0. 102 *** (0. 015)	0. 080 *** (0. 012)	0. 006 (0. 005)	0. 006 (0. 008)
ownership	− 3. 743 *** (0. 283)	− 2. 943 *** (0. 215)	− 0. 478 ** (0. 192)	0. 174 (0. 134)
_ cons	− 3. 499 *** (0. 483)	1. 252 *** (0. 367)	0. 087 (0. 123)	0. 132 (0. 228)
年份效应	yes	yes	yes	yes
行业效应	yes	yes	yes	yes
N	450	450	420	420
R^2	0. 568	0. 322		
F	421. 510	382. 900		
Sargan			1. 34 (0. 248)	3. 45 (0. 841)
AR(1)			− 3. 21 (0. 001)	− 3. 77 (0. 000)
AR(2)			0. 43 (0. 669)	0. 87 (0. 384)

注: *, **, *** 分别表示在 10%、5% 和 1% 的水平上统计显著, 下方括号内是聚类稳健性标准差, AR(1) 和 AR(2) 检验的下方括号内为统计量的伴随概率。

研究表明, 环境规制对技术创新的影响表现为先抑制、后促进、再抑制的作用。(1) 政策实施初期, 环境规制强度较低, 约束相对宽松, 污染治理成本较少。此时，企业对以节能减排为目的的技术创新驱动力明显不足（李玲和陶峰，2012），反而因污染治理投资增加而挤占技术创新资金，对技术创新产生资金挤出效应，抑制技术创新。环境规制强度提高 1%，专利授权量降低 0.467%，研究与开发内部经费投入降低 0.282%。（2）随着环境规制强度不断提高，环境政策对企业的生产约束和排污监管也随之趋严，从而导致企业污染治理投资急骤增加。然而，污染治理效应却随着环境规制强度提高而呈边际递减趋势。所以，严格的环境规制倒逼企业强化自主创新，增加技术创新投资，提升技术创新能力。不仅如此，提高环境规制强度，还会导致部分企业因排污不达标而退出市场，提高市场集中度，竞争胜出的企业往往更具有良好的市场竞争力，也更加注重技术创新（张成等，2011）。环境规制强度提高 1%，专利授权量提高 0.142%，研究与开发内部经费投入增加 0.081%。不难发现，提高环境规制强度，既能有效遏制污染偷排、漏排、超排，又能促进企业技术创新。此时，环境规制处于帕累托最优区域，实现了环境保护与技术创新的双重目标。（3）若环境规制强度继续提高，受严格的环境规制政策约束，企业不仅需要投入技术创新资金，还要投入超额的污染治理资金以满足环境规制要求，从而增加了企业的经济负担。由此可见，过于严格的环境规制迫使企业疲于应付污染治理，不利于企业技术创新。环境规制提高 1%，专利授权量减少 0.011%，研究与开发内部经费投入缩减 0.005%。

回归结果可以看出，经济发展水平对技术创新的影响始终在 1% 的统计水平上显著为正，表明经济发展水平是技术创新的重要影响因素。提高经济发展水平，有利于提升技术创新能力。受教育程度对技术创新影响的估计系数在 1% 的统计水平上均显著为正，表明提高受教育程度有利于提升技术创新能力。提高受教育程度，不仅培育创新型人才，而且提高全民综合素质，增强绿色环保意识，促进技术创新能力提升。企业规模对技术创新影响的估计系数显著为正，表明适当扩大企业规模，实现规模经济，有助于增加技术创新投入，促进企业技术创新。无论是专利授权量还是研究与开发内部经费投入，所有制结构对技术创新均表现出显著的负向作用，表明较高的国有企业资产占比不利于企业技术创新。究其原因是，由于国有企业产权模糊和经营机制僵化，以及市场依赖低、管理不善和激励不足等原因导致技术创新效率普遍偏低（刘伟和薛景，2015）。

（五） 调整后动态模型结果分析

针对调整后的动态面板模型（5.17）和模型（5.18）回归检验，固定效应和随机效应均无法解决因遗漏变量和双向因果关系导致内生性问题。因此，阿雷拉诺和邦德（Arellano and Bond，1991）使用所有可能的滞后变量作为工具变量进行 GMM 估计，即差分 GMM。然而，过多的滞后变量视为工具变量也容易导致弱工具变量问题，从而产生估计偏差。因此，布伦戴尔和邦德（Blundell and Bond，1998）将差分 GMM 与水平 GMM 合并在一起，作为一个联合方程系统进行 GMM 估计，即系统 GMM。系统 GMM 的内生解释变量的滞后项被看作自身工具变量，比差分 GMM 更有效率。基于此，本节采用系统 GMM 估计方法对调整后的动态面板模型（5.17）和模型式（5.18）进行回归估计。

虽然上节通过固定效应估计已验证了环境规制对技术创新的影响呈倒 N 形曲线关系，但由于技术创新存在路径依赖连续性动态调整的特征，容易受前期技术水平的影响，可能存在时间滞后效应（张倩，2016a）。因此，为了检验技术创新是否存在时间滞后效应，以及在环境规制政策约束下前期技术创新的时间滞后效应能否对当期技术创新产生影响，本节采用系统 GMM 估计方法对包含技术创新一阶滞后项的动态面板模型进行回归分析。表 5 - 2 中 Sargan 检验结果显示，过度识别约束是有效的。Sargan 检验不仅要求残差一阶差分项负相关，而且还要求不存在二阶以上的相关性。通过对调整后的动态模型（5.17）和模型式（5.18）进行系统 GMM 动态回归分析，Sargan 检验 P 值为 0.248 和 0.841，均大于 0.1，接受了原假设，说明动态面板模型中工具变量均有效。差分方程回归残差服从 $AR(1)$ 和 $AR(2)$ 过程。其中，$AR(1)$ 满足了残差一阶差分项负相关，且 P 值均小于 0.1，通过了显著性检验，表明拒绝了不存在一阶自相关的原假设，变量之间存在一阶自相关。$AR(2)$ 检验 P 值均大于 0.1，表明残差序列只存在一阶差分负相关，不存在二阶以上序列相关性。由此看出，表 5 - 2 中 Sargan 检验、$AR(1)$ 和 $AR(2)$ 的结果均显示，模型中工具变量的选择是合理的，且模型识别也是有效的。

通过分析表 5 - 2 中系统 GMM 动态面板模型的回归结果，本研究发现，模型中环境规制一次项、二次项、三次项对技术创新影响的估计系数符号仍为负、正、负，且都在5%的统计水平上显著。首先，从回归估计系数符号看，动态面板模型的回归结果再次验证了环境规制对技术创新的影响表现出先抑制、后促进、再抑制的动态特征，也进一步验证了环境规制与技术创新之间呈倒N形曲线关系。其次，从回归系数估计值来看，与模型（1）和模型（2）的回归结果相比，模型（3）和模型（4）的回归结果中环境规制一次项、二次项、三次项的估计系数均相对偏小，表明在包含技术创新一阶滞后项的动态模型中，技术创新的时间滞后效应拉低了环境规制对技术创新的影响。最后，调整后的动态面板模型估计结果还可以看出，不论是专利授权量还是研究与开发内部经费投入作为技术创新的替代指标，在环境规制政策约束下，前期技术创新—阶滞后项对当期技术创新的估计系数均在1%的统计水平上显著为正，表明前期技术水平对当期技术创新产生正向影响，前期技术创新成果对当期技术创新能力提升具有积极的促进作用，符合理论预期。

（六）稳健性检验

为了进一步验证上述计量回归分析结果的准确性和可靠性，本节将采用变量替换法对上述模型回归结果进行稳健性检验。所谓变量替换法，即利用不同的变量对核心变量进行替换。通过对比替换前后模型估计结果是否存在显著性差异，以此判断模型估计结果是否稳健。

本节针对模型（5.15）尝试进行如下稳健性检验：（1）替换被解释变量。利用外观设计专利授权量作为衡量技术创新的替代指标。外观设计专利授权量越多，表明技术创新能力越强，反之技术创新能力越低。（2）替换核心解释变量。选取环境规制一阶滞后项作为环境规制的替代变量，以考察环境规制对技术创新的影响。估计结果表明，无论是替换被解释变量还是核心解释变量，环境规制对技术创新影响的回归系数符号仍为负、正、负，且均在5%的统计水平上显著，控制变量估计结果与表5-2中回归结果基本趋近一致。由此可以判定，该模型回归结果的稳健性良好。稳健性回归结果如表5-3所示。

表 5 − 3   稳健性检验回归结果

变量	稳健性检验	
	外观设计专利授权量 （5）	环境规制滞后一期 （6）
ers	− 0. 612 *** （0. 193）	− 0. 426 *** （0. 134）
ers^2	0. 194 *** （0. 065）	0. 119 *** （0. 045）
ers^3	− 0. 016 *** （0. 006）	− 0. 009 ** （0. 004）
economic	0. 145 *** （0. 034）	0. 286 *** （0. 024）
education	0. 574 *** （0. 073）	0. 491 *** （0. 050）
scale	0. 060 *** （0. 021）	0. 099 *** （0. 015）
ownership	− 3. 161 *** （0. 400）	− 4. 276 *** （0. 325）
_cons	− 5. 106 *** （0. 683）	− 2. 976 *** （0. 490）
年份效应	yes	yes
地区效应	yes	yes
N	450	420
R^2	0. 491	0. 568
F	125. 99	392. 09

注：*，**，*** 分别表示在 10%、5% 和 1% 的水平上统计显著，下方括号内是聚类稳健性标准差。

四、环境规制对技术创新影响的门槛效应研究

上一节已通过固定效应和系统 GMM 方法实证检验了环境规制对技术创新的影响呈倒 N 形曲线关系，初步认为环境规制与技术创新之间可能存在两个拐点。因此，本节基于上文研究结论，进一步深入探讨环境规制对技术创新影响的帕累托最优区域。"波特假说"支持者们认为，严格的环境规制有利于促进技术创新。那么，是否意味着环境规制强度越大，规制标准越严格，就越有利于技术创新呢？金碚（2009）认为，当环境规制强度超越一定限度时，资源环境成本将大幅度提高，越来越多的企业因无法承受成本快速上涨而被迫停产倒闭。许士春（2007）对"波特假说"也提出了质疑，指出"波特假说"必须建立在适当的环境规制强度为前提的基础上。由此不难看出，环境规制强度必须处于某一特定的帕累托最优区域时才能促进技术创新，实现环境保护和技术创新"双赢"。所以，本节将利用门槛效应模型探讨环境保护与技术创新"双赢"的帕累托最优区域，并据此判断现阶段我国 30 个省份环境规制强度所处的区域范围。

（一）门槛模型理论

1. 模型设定

汉森（Hansen，2000）两体制的面板门槛模型可表示为：

$$y_{it} = \begin{cases} x'_{it}\beta_1 + e_{it}, & q_{it} \leqslant \gamma \\ x'_{it}\beta_2 + e_{it}, & q_{it} > \gamma \end{cases}$$

其中，y_{it} 表示被解释变量，x_{it} 表示 $p \times 1$ 阶解释变量向量，q_{it} 表示门槛变量，它既可以是解释变量 x_{it} 的一个回归元，也可以是一个独立的门槛变量。

定义虚拟变量 $d_i(\gamma) = I(q_i \leqslant \gamma)$，其中 $I(\cdot)$ 代表示性函数，即当 $q_i \leqslant \gamma$ 时，$I(\cdot) = 1$；当 $q_i > \gamma$ 时，$I(\cdot) = 0$。此时，上述方程组可用单一方程表示。

$$y_{it} = x'_{it}\beta + x'_{it}d_{it}(\gamma)\theta + e_{it}, \quad e_{it} \sim iid(0, \delta_i^2)$$

其中，$\beta = \beta_2$，$\theta = \beta_1 - \beta_2$①。

2. 门槛值估计

通常，门槛值估计通过格栅搜索法（grid search）获得，汉森（Hansen，1999）将门槛变量的任意观测值 γ 都看作可能存在的门槛值，任意选择一个初始赋值 γ_0，通过 OLS 估计得到对应的残差平方和 $S_1(\gamma_0)$，当 γ 从小到大分别取值时，分别计算得到相应的残差平方和 $S_2(\gamma)$，$S_3(\gamma)$，…，$S_n(\gamma)$。若给定的 γ 越接近真实门槛值，则模型中残差平方和 $S_n(\gamma)$ 越小。因此，将满足 $\hat{\gamma} = \mathrm{argmin} S_n(\gamma)$ 的观测值作为最优门槛值，即对任意门槛值 γ，通过求残差平方和 $S_n(\gamma) = \hat{e}(\gamma)' \cdot \hat{e}(\gamma)$ 得到各参数的门槛估计值，而最优门槛值 $\hat{\gamma}$ 必须满足 $S_n(\gamma)$ 的残差平方和最小。

一般来说，在实际研究中，首先将样本依据门槛变量值进行升序排列，为确保门槛值有意义，排列时分别略去门槛值中最大和最小 1% 的样本观测值，以中间 98% 的样本观测值作为门槛值的取值范围。在利用格栅搜索法确定门槛值的过程中，先以 0.0025 作为格栅化水平将门槛样本观测值进行格栅化处理，再将格栅化处理后的全部格栅点作为备选门槛值 γ，进行 OLS 回归估计得出相应的残差平方和 $S_n(\gamma)$，选择满足模型残差平方和最小的 $\hat{\gamma} = \mathrm{argmin} S_n(\gamma)$ 作为最优门槛值。

3. 门槛效应检验

在门槛回归模型参数估计后，需进一步对门槛效应进行相关检验。通常，检验主要包含两个方面：一是门槛效应显著性检验；二是门槛估计值真实性检验。

（1）门槛效应显著性检验。门槛回归模型显著性检验的目的是检验以门槛值为标准划分的两组样本模型估计参数 β_1 和 β_2，检验是否存在显著性差异。因此，不存在门槛值的零假设为：$H_0: \beta_1 = \beta_2$；$H_1: \beta_1 \neq \beta_2$，通过构造 LM（Lagrange multiplier）统计量对零假设进行统计检验。LM 统计量为：

---

① 汉森（Hansen，2000）的一个重要思想就是以 $\theta = \beta_1 - \beta_2$ 表示门槛效应。

$$F = \frac{S_0 - S_n(\hat{\gamma})}{S_n(\hat{\gamma})/n}$$

其中，S_0 是在零假设条件下的残差平方和加总，S_n 是存在门槛效应的残差平方和加总。

然而，对 LM 统计量进行统计检验时发现，在零假设条件下 $\hat{\gamma}$ 无法识别，导致传统检验统计量的大样本分布并非标准"卡方分布"，而是受到干扰参数影响的"非标准非相似分布"，使分布的临界值无法以模拟的方式得到。为了克服上述问题，汉森（Hansen，1996）以统计量本身的大样本分布函数来转换，得到大样本的渐近 p 值。在零假设条件成立前提下，该 p 值统计量的大样本分布为均匀分布，并且可以由"自举抽样法"（Bootstrap）来计算。汉森（Hansen，2000）以 Bootstrap 方法得到大样本的渐进分布，从而构造相应的 p 值。用 Bootstrap 方法得到的 p 值小于 0.01，表明在 1% 的显著性水平下拒绝零假设。

（2）门槛估计值真实性检验。当确定了某一变量存在门槛效应时，还需进一步确定门槛值的置信区间，以检验门槛估计值的真实性。基本假设为：$H_0：\gamma = \gamma_0$；$H_1：\gamma \neq \gamma_0$，构造似然比统计量 LR（likelihood ratio statistic）可表示为：

$$LR_n(\gamma) = \frac{S_n(\gamma) - S_n(\hat{\gamma})}{\delta^2(\hat{\gamma})}$$

其中，$S_n(\gamma)$ 为基本假设条件下参数估计得到的残差平方和，$\delta^2(\hat{\gamma})$ 为基本假设条件下参数估计得到的残差方差。

当统计量 $LR_n(\gamma) \leqslant c(\alpha) = -2\ln(1 - \sqrt{1-\alpha})$ 时，不能拒绝原假设。其中，α 表示显著性水平。

此外，汉森还给出了常用的判断门槛效应显著性的临界值，如表 5 - 4 所示。

表 5 - 4　　　　　　　　　门槛效应显著性的临界值

	临界值						
α	0.80	0.85	0.90	0.925	0.95	0.975	0.99
p	4.50	5.10	5.94	6.53	7.35	8.75	10.59

（二）门槛模型构建

为了探寻环境规制对技术创新影响的帕累托最优区域，本节借鉴汉森（Hansen，1999）提出的面板门槛回归模型构建方法。（1）基本思路。先估计出可能存在的若干个门槛值，然后进行检验得出相应的置信区间。（2）实现途径。将 K 个门槛值作为 K 个未知变量构造 $K+1$ 个分段函数，合并后纳入门槛效应回归模型，对门槛值进行模型估计和检验。该模型的优点在于，既能准确地估计门槛值，又能对门槛效应的内生性进行显著性检验。

为了更好地研究环境规制对技术创新影响的门槛效应，既要考虑不同地区环境规制强度的差异，也要兼顾不同地区经济发展水平对环境规制耐受度的个体差异。基于汉森（Hansen，2000）门槛效应原理，门槛变量既可以看作模型的解释变量，也可以看作其他变量（原毅军和谢荣辉，2014）。所以，本节借鉴沈能和刘凤朝（2012）的门槛效应回归估计方法，除了选择环境规制强度（ers）作为门槛变量外，还选择了经济发展水平（economic）作为门槛变量，同时还考察了受教育程度（education）、企业规模（scale）和所有制结构（ownership）等 3 个控制变量，被解释变量选择专利授权量（patent）替代技术创新。具体模型为：

$$\ln patent_{it} = \mu + \alpha_1 ers_{it} \cdot I(ers_{it} \leqslant \gamma_1) + \alpha_2 ers_{it} \cdot I(ers_{it} > \gamma_1) + \cdots$$
$$+ \alpha_{n+1} ers_{it} \cdot I(ers_{it} \leqslant \gamma_n) + X_{it} + \varepsilon_{it} \quad (5.19)$$

$$\ln patent_{it} = \mu + \lambda_1 ers_{it} \cdot I(economic_{it} \leqslant \chi_1) + \lambda_2 ers_{it} \cdot I(economic_{it} > \chi_1)$$
$$+ \cdots + \lambda_{m+1} ers_{it} \cdot I(economic_{it} \leqslant \chi_m) + X_{it} + \varepsilon_{it} \quad (5.20)$$

其中，i 表示省份，t 表示年份。$patent_{it}$ 表示技术创新，ers_{it} 表示环境规制，$economic_{it}$ 表示经济发展水平，X_{it} 为控制变量。模型（5.19）中门槛变量设定为环境规制，γ_1，γ_2，$\cdots$，γ_n 为 n 个不同水平的待估计门槛值。模型（5.20）中门槛变量设定为经济发展水平，χ_1，χ_2，$\cdots$，χ_m 为 m 个不同水平的待估计门槛值。$I(\cdot)$ 为示性函数，α_1，α_2，$\cdots$，α_{n+1}；λ_1，λ_2，$\cdots$，λ_{m+1} 分别表示环境规制和经济发展水平对技术创新影响的弹性系数。如果门槛变量选择合理，且通过了显著性检验，则弹性系数符号或估计值理应显著不同。ε_{it} 为随机干扰项，服从方差为 0 的正态分布。

（三）门槛数量选择与门槛值估计

根据上节构建的门槛模型、模型估计与检验方法，本节利用 Stata 14.0

统计软件对门槛效应模型（5.19）和模型（5.20）进行回归估计。通常而言，门槛效应模型估计与检验分为两个步骤：（1）确定门槛数量。根据可能存在的门槛数量提出原假设（H_0）和备择假设（H_1），然后利用 Bootstrap 方法估计 p 值。（2）确定置信区间。如果存在门槛效应，则估计门槛值的置信区间。本节采用汉森（Hansen，1996，2000）方法使用 Bootstrap 方法重复抽样检验，检验结果如表5-5所示。

表5-5 面板门槛效应估计与检验结果

门槛变量	假设检验	F 统计量	不同显著水平临界值		
			90%	95%	99%
ers	H_0：没有门槛值 H_1：有 1 个门槛值	15.79 *	14.547	15.873	19.293
	H_0：有 1 个门槛值 H_1：有 2 个门槛值	27.10 **	22.666	24.527	28.987
	H_0：有 2 个门槛值 H_1：有 3 个门槛值	12.92	61.301	64.967	75.077
economic	H_0：没有门槛值 H_1：有 1 个门槛值	31.93 **	25.695	29.055	36.871
	H_0：有 1 个门槛值 H_1：有 2 个门槛值	5.46	23.833	29.214	35.238

注：* 、** 、*** 分别表示在10%、5%和1%的水平上统计显著，采用 Bootstrap 法重复抽样300 次。

根据表5-5中 F 统计量的显著性水平可知，环境规制门槛变量的 F 统计量在5%的显著水平上拒绝了零假设，存在双门槛效应，验证了环境规制与技术创新之间呈非线性关系。经济发展水平门槛变量的 F 统计量在5%的显著水平上拒绝了零假设，存在单门槛效应。

根据门槛效应模型估计与检验的结果可知，环境规制对技术创新的影响存在双门槛效应，经济发展水平对技术创新的影响存在单门槛效应。基于此，本节试图构建环境规制与技术创新的双门槛模型以及经济发展水平与技术创新的单门槛模型，并对其进行回归估计门槛值和置信区间。如表5-6所示。

表 5 - 6 门槛估计结果及置信区间

门槛变量	门槛估计值	95% 置信区间
ers threshold₁	0. 168 *	(0. 146，0. 190)
ers threshold₂	0. 728 **	(0. 698，0. 730)
economic threshold	5. 206 **	(5. 140，5. 398)

注：*、**、*** 分别表示在 10% 、5% 和 1% 的水平上统计显著。

（四）门槛效应回归结果分析

1. 环境规制门槛效应估计结果分析

根据门槛效应模型估计与检验方法，门槛模型估计后需进一步对门槛参数进行估计。估计结果如表 5 - 7 所示。

表 5 - 7 面板门槛参数估计结果

参数	解释变量	估计值	t 值	置信区间
α_1	$ers \leqslant 0. 168$	- 8. 043 **	- 2. 57	（ - 14. 197， - 1. 888）
α_2	$0. 168 < ers \leqslant 0. 728$	6. 402 ***	4. 71	（3. 728，9. 076）
α_3	$ers > 0. 728$	- 0. 303 ***	- 3. 68	（ - 0. 465， - 0. 141）
λ_1	$economic \leqslant 5. 206$	0. 098 **	2. 06	（0. 005，0. 192）
λ_2	$economic > 5. 206$	2. 094 ***	5. 80	（1. 384，2. 803）

注：*、**、*** 分别表示在 10% 、5% 和 1% 的水平上统计显著。

根据"波特假说"理论，当环境规制强度足够大，且超越了某一特定值后，环境规制促进技术创新。那么，是否环境规制强度越大越有利于促进技术创新呢？虽然现有文献普遍认同环境规制与技术创新之间呈非线性关系，但绝大多数文献仅仅只讨论了二者之间存在一个拐点的情形，即环境规制对技术创新的影响呈 U 形曲线关系，当环境规制强度跨越 U 形曲线拐点后，提高环境规制强度必能促进技术创新。但从表 5 - 7 的估计结果不难发现，环境规制与技术创新之间存在两个拐点，即环境规制对技术创新的影响存在双门槛效应。当环境规制强度处于双门槛范围内的帕累托最优区域时，环境规制才能促进技术创新，实现环境保护与技术创新"双赢"。显然，该结论与"波特假说"理论并非完全一致。"波特假说"认为，只要环境规制超越某一特定值后，任意环境规制强度都能促进技术创新。其实不然，环境规制强度并非越大越有利于促进技术创新，而是必须居于双门槛范围内的帕累托最优区域。

在表 5 - 7 的回归结果中，环境规制门槛变量的两个门槛值分别为 0.168 和 0.728。当环境规制强度低于第一门槛值（$\gamma_1 = 0.168$）时，系数估计值显著为负，环境规制抑制技术创新。当环境规制强度高于第二门槛值（$\gamma_2 = 0.728$）时，系数估计值也显著为负，环境规制对技术创新的影响仍表现出负向抑制作用。因此，唯有当环境规制处于双门槛范围内的帕累托最优区域时，估计值显著为正，环境规制促进技术创新。因此，环境规制对技术创新的影响存在双门槛效应，二者之间符合倒 N 形曲线动态特征。

那么，为什么环境规制与技术创新之间符合倒 N 形曲线动态特征呢？其实，为了满足政府环境规制要求，企业根据不同的环境政策强度，采取不同的污染治理方式减少污染排放。当环境规制强度偏小时，环保标准较低，企业为了攫取超额利润，通常利用部分利润或创新资金以事后治理方式进行末端污染治理。该行为决策的优点是产生了治污技术进步效应，表现为投入低、见效快、成效好等特点，缺点是末端污染治理挤占了技术创新资金，对技术创新产生资金挤出效应，抑制企业技术创新。随着环境规制强度日益增大，事后治理方式产生治污技术进步效应呈边际递减趋势，单靠末端污染治理难以满足政府环境规制要求，企业必须改变污染治理策略，从事后治理方式调整为事中治理方式，减少污染排放，通过增加技术创新投资，提升要素配置效率，产生创新补偿效应。当环境规制跨越第一门槛值后，技术创新产生创新补偿效应超过环境规制遵循成本效应，企业获得创新补偿收益，促进企业技术创新。虽然环境规制政策对企业排污行为具有震慑作用，但是企业扩大再生产必然会导致污染排放总量持续增加。为了严控污染排放总量，守住绿水青山，政府必须继续提高环境规制强度，防止环境持续恶化，提升生态环境质量。但是，倘若环境规制强度增大到超越第二门槛后，环境规制过于严格，企业仅仅依靠技术创新也无法完全满足环境治理要求，必须同时采取事中治理和事后治理两种方式同时进行污染治理。此时，环境规制遵循成本效应必定反过来大于创新补偿效应，降低企业经济利润。因此，过于严格的环境规制一旦超越了高耗能、高排放、高污染企业的最大承载能力，势必会过犹不及，抑制企业技术创新。更有甚者，还会造成大量中小（微）企业破产倒闭，影响经济可持续发展与社会和谐稳定。

为了更直观地对比环境规制强度，本节按照环境规制门槛值区间分为"高规制""中规制""弱规制"，并对其进行分组比较。由表 5 - 8 可知，2017 年我国 30 个省份环境规制强度处于"中规制"的省份 15 个，占比 50%。但是，处于"强规制"的省份多达 12 个，占比 40%，而且"强规制"中大部分属于西部地区。与东部和中部地区相比，西部地区经济发展相对落后，社会生产力欠发达，部分企业仍采用传统粗放型经济增长方式，过于严格的环境规制不仅不利于促进企业技术创新，甚至还会阻碍创新发展，不利于推动高质量发展。因此，政府实施环境规制政策，应充分考虑不同地区生态环境状况、资源环境禀赋、经济发展水平等因素，做到因地制宜、因情施策。我国西部地区生态环境优美，资源环境丰裕，但经济发展水平相对落后，提升西部地区技术创新能力，绝非纯粹地实施严格的环境规制政策就能实现环境保护与技术创新的双重目标，还应该配套一些其他相关政策，充分利用自身区位优势，与东部和中部地区实现创新资源互利共享，加快转变经济发展方式，调整和优化经济结构，使经济发展方式从要素驱动和投资驱动转向创新驱动，提高经济增长数量和质量，推动高质量发展。

表 5 - 8   2017 年环境规制与经济发展水平按门槛值分组情况

分组	门槛值及区间	省份	占比（%）
弱规制	$ers \leqslant 0.168$	天津、上海、北京	10
中规制	$0.168 < ers \leqslant 0.728$	安徽、重庆、广东、福建、湖北、浙江、江苏、湖南、吉林、山东、河南、陕西、四川、江西、广西	50
强规制	$ers > 0.728$	黑龙江、河北、贵州、云南、山西、辽宁、宁夏、新疆、内蒙古、甘肃、海南、青海	40

分组	门槛值及区间	省份	占比（%）
弱经济	$economic \leqslant 5.206$	贵州、甘肃、云南、山西、宁夏、广西、江西、青海、四川、安徽、海南、陕西、新疆、湖南、河南、河北、重庆、湖北、吉林、黑龙江、辽宁、内蒙古	73
强经济	$economic > 5.206$	山东、广东、福建、浙江、江苏、北京、天津、上海	27

2. 经济发展水平门槛效应结果分析

虽然上文已验证了处于帕累托最优区域的环境规制对技术创新的影响存在显著的促进作用，但是，当环境规制处于帕累托最优区域时，还需要满足哪些条件，能更好地激励企业技术创新呢？实际上，环境规制与技术创新之间的关系还受诸多其他因素影响，倘若仅考虑环境规制政策因素是远远不够的。众所周知，地区经济发展水平对技术创新资金投入产生重要影响。由此看来，经济发展水平在环境规制对技术创新的影响中也发挥着重要的作用。那么，是否不同的经济发展水平，环境规制对技术创新的影响也存在显著差异呢？经济发展水平是否也存在门槛效应？基于此，本节将进一步考察不同经济发展水平的门槛区间内环境规制对技术创新的影响关系。

由表 5 - 5 可以看出，经济发展水平在环境规制对技术创新的影响关系中存在单门槛效应。与环境规制强度门槛效应不同的是，任何门槛区间范围的经济发展水平，环境规制对技术创新的影响均发挥着正向促进作用。从表 5 - 7 可以看出，当人均地区 GDP 低于 52060 元时，环境规制对技术创新影响的边际贡献率为 0.098。当人均地区 GDP 高于 52060 元时，环境规制对技术创新影响的边际贡献率上升为 2.094。结果表明，地区经济发展水平越高越有利于提升环境规制对技术创新影响的边际贡献率。只要人均地区 GDP 高于门槛值（$\chi = 52060$），环境规制对技术创新的激励效果得以显著提升。由表 5 - 8 可知，2017 年我国 30 个省份人均 GDP 低于经济发展水平门槛值的省份有 22 个，占比 73%；山东、广东、福建、浙江、江苏、北京、天津和上海 8 个省份人均 GDP 高于经济发展水平门槛值，占比 27%。与直观判断一致，东部沿海地区经济发达，良好的经济发展水平为环境规制促进技术创新提供了充裕的物质基础。因此,提高地区经济发展水平,有助于提升环境规制对技术创新的边际贡献率,促进企业技术创新,提高资源要素效率,提升经济发展质量,推动经济高质量发展。

五、本 章 小 结

本章利用2003~2017年我国30个省份面板数据考察了环境规制对技术创新的影响,验证了环境规制与技术创新"双赢"的帕累托最优区域,以及经济发展水平在环境规制对技术创新影响中发挥了积极的促进作用。

首先,利用固定效应和系统GMM估计方法考察了环境规制对技术创新的影响,并对回归结果进行了稳健性检验。研究发现:(1)环境规制对技术创新的影响表现出先抑制、后促进、再抑制的作用,二者之间符合倒N形曲线动态特征。(2)技术创新存在显著的时间滞后效应,前期技术创新存在路径依赖连续性动态调整的特征,对当期技术创新水平产生正向影响。(3)经济发展水平对技术创新具有显著的正向促进作用,东部经济发达地区具有雄厚的物质基础,有利于提升技术创新能力。(4)提高受教育程度有助于提升人才积累效应,为技术创新提供智力保障,促进技术创新。(5)扩大企业规模有助于实现规模效应,提高企业生产率,促进技术创新。(6)国有企业产权模糊和经营机制僵化,以及市场依赖低、管理不善和激励不足等原因,导致国有企业资产在社会总资产中占比越高,越不利于技术创新。

其次,为进一步验证环境规制与技术创新之间存在非线性关系,本章利用面板门槛效应模型,以检验环境规制与技术创新之间是否存在双门槛效应。研究结果显示,环境规制与技术创新之间存在双门槛效应,且二者之间仍表现出先抑制、后促进、再抑制的影响关系,再次验证了环境规制对技术创新的影响关系符合倒N形曲线动态特征。当环境规制处于双门槛范围帕累托最优区域时,环境规制促进技术创新。当前,我国近半数区域的环境规制强度并未处于帕累托最优区域,未来政府需要调整与优化环境政策,提高"弱规制"区域政策标准,降低"强规制"区域的政策要求,尽可能让各地区环境规制都处在帕累托最优区域,实现环境保护和技术创新双重目标。

最后，考察了经济发展水平在环境规制对技术创新影响中的作用。研究发现，地区经济发展水平在环境规制对技术创新的影响中存在单门槛效应，且任何门槛范围的地区经济发展水平在环境规制对技术创新的影响中均发挥了正向促进作用，只是在不同门槛范围内，环境规制对技术创新影响的边际贡献率不尽相同。地区经济发展水平越高，环境规制对技术创新影响的边际贡献率越大，越能促进技术创新。因此，提高地区经济发展水平，有助于提升环境规制对技术创新的边际贡献率，促进企业技术创新，提高要素资源效率，提升经济发展质量，推动经济高质量发展。

第六章

基于技术创新中介效应的实证检验

一、引　言

改革开放以来，我国经济持续稳定高速增长，经济总量自 2010 年以来持续稳居世界第二大经济体，人均国内生产总值已突破 1 万美元，迈入了中等偏上收入国家之列。然而，长期要素投入的粗放型经济增长方式也给生态环境造成了不可逆的急剧恶化。事实证明，环境污染不仅遏制了经济增长，而且还影响了居民身体健康，降低了居民幸福感。面对如此严峻的环境形势，政府唯有提高环境规制强度，减少污染排放，才能实现节能减排降耗的目标。近年来，为深入贯彻落实创新、协调、绿色、开放、共享的新发展理念，我国相继颁布了《大气污染防治法》《土壤污染防治法》《矿产资源法》等法律法规，节能减排已成为新时代高质量发展的新常态。

环境保护与污染治理作为当前和今后一个时期经济社会发展的首要任务，必须毫不动摇地践行绿色发展新理念，实行严格的环境保护政策，形成绿色发展方式和生活方式，实现人与自然和谐共生的现代化。党的十九大报告明确指出"我国经济已由高速增长阶段转向高质量发展阶段"，必须构建绿色生产和消费的法律法规，着力解决突出的环境污染问题，建立绿色低碳循环发展的经济体系，推动绿色经济持续稳定健康发展。根据"波特假说"理论，严格的环境规制有利于促进技术创新，提高要素配置效率。科技创新为推进高质量发展打造经济增长新极核，为经济发展提供新的生产可能性边界，不仅提高经济增长数量，而且更重要的是提升经济发展质量。因此，技术创新对高质量发展产生积极的推动作用（汤长安和欧阳峣，2012）。

环境规制是贯彻绿色发展理念的重要举措，技术创新是经济发展的动力引擎，高质量发展是建设现代化经济体系的首要任务。实施环境规制政策，促进企业技术创新，提高资源要素效率，提升经济发展质量，推动高质量发展。因此，技术创新在环境规制对高质量发展中发挥了极为重要的中介作用。其一，环境规制对技术创新的影响方向与遵循成本效应和创新补偿效应有关，总效应取决于双重效应谁占主导地位。其二，从技术创新与高质量发展的角度看来，技术创新有助于提高资源配置效率和全要素生产率，既能提高经济增长数量，也能提升经济发展质量，对高质量发展具有显著的促进作用。其三，从环境规制与高质量发展的关系来看，高质量发展既是经济增长"量"的积累，更是经济发展"质"的提升，是经济增长数量和质量的有机统一。然而，不同的环境规制强度对高质量发展的影响也表现得不尽相同。"弱规制"抑制经济增长数量，对经济发展质量影响不显著，进而抑制高质量发展。"中规制"对经济增长数量和质量都产生促进作用，推动高质量发展。"强规制"虽然抑制经济增长数量，但却提升经济发展质量，且效果更明显，从而对高质量发展也产生促进作用。所以，环境规制对高质量发展的影响取决于环境规制强度和技术创新的中介驱动效应。因此，厘清环境规制、技术创新、高质量发展之间的关系，对于拟定适当的环境规制，推动我国高质量发展具有十分重要的理论和现实意义。

二、模型设计与说明

（一）中介模型概述

中介效应（mediating effect）是指社会学在研究事物之间联系时表现出的一种重要特性，自变量 X 对因变量 Y 的影响通过某一变量 M 得以实现。也就是说，变量 M 是自变量 X 的函数，因变量 Y 是变量 M 的函数（$Y - M - X$）。一般情况下，在考虑自变量 X 对因变量 Y 的影响时，如果自变量 X 是通过某一变量 M 对因变量 Y 产生影响时，则变量 M 称为中介变量，在自变

量 X 和因变量 Y 之间充当中介角色，发挥中介作用。中介变量是自变量对因变量发生作用的中介，形成一种内部传递机制，并通过该机制使自变量对因变量产生影响（Baron，1986）。为方便起见，本章假设所有变量均已中心化（将数据减去样本均值，中心化数据的均值为 0）或标准化（均值为 0，标准差为 1），以避免回归方程中出现截距项。（温忠麟和叶宝娟，2014）。那么，各变量之间的相互关系可用如下回归方程表述：

$$Y = cX + e_1 \tag{6.1}$$

$$M = aX + e_2 \tag{6.2}$$

$$Y = c'X + bM + e_3 \tag{6.3}$$

其中，回归方程（6.1）中的系数 c 表示自变量 X 对因变量 Y 的总效应。回归方程（6.2）中的系数 a 表示自变量 X 对中介变量 M 的效应。回归方程（6.3）中系数 b 表示在控制自变量 X 后，中介变量 M 对因变量 Y 的效应，系数 c' 表示在控制中介变量 M 后，自变量 X 对因变量 Y 的直接效应。$e_1 \sim e_3$ 是回归残差。对于上述最基本的中介效应模型而言，ab 是经过中介变量 M 的中介效应，c' 是间接效应，且中介效应等于间接效应。当只有一个中介变量时，三种效应之间满足：

$$c = c' + ab$$

因此，中介效应还可表示为：

$$ab = c - c'$$

最常用的中介效应模型检验方法是逐步检验回归系数法（Baron and Kenny，1986；温忠麟等，2004），通常也称为逐步检验法。中介效应模型如图 6-1 所示。

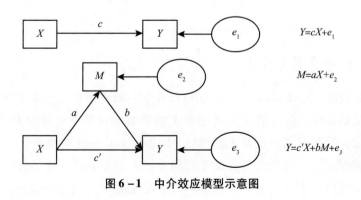

图 6-1 中介效应模型示意图

具体步骤为：

第一步，检验自变量 X 对因变量 Y 的总效应。即检验方程（6.1）中的系数 c（$H_0 : c = 0$）。

第二步，检验中介效应的显著性。即检验方程（6.2）中的系数 a 和方程（6.12）中的系数 b（$H_0 : ab = 0$）。

第三步，确定完全中介效应或部分中介效应。即检验方程（6.3）中系数 c'（$H_0 : c' = 0$）。若方程（6.1）中系数 c 显著，且方程（6.2）中系数 a 和方程（6.3）中系数 b 也都显著，则中介效应显著（温忠麟和叶宝娟，2014）。若同时满足上述显著性条件，且方程（6.3）中系数 c' 不显著，称为完全中介效应，c' 显著则称为部分中介效应。

（二）中介模型构建

为探讨技术创新在环境规制对高质量发展影响中的中介效应，在借鉴现有文献研究的基础上，本节仍然选取专利授权量作为技术创新的替代指标，构建中介效应模型如下：

$$\ln hquality_{it} = \alpha + \beta_1 ers_{it} + \beta_2 ers_{it}^2 + \beta_3 education_{it} + \beta_4 industry_{it} + \beta_5 asset_{it} + \varepsilon_{it}$$

$$(6.4)$$

$$\ln patent_{it} = \alpha + \gamma_1 ers_{it} + \gamma_2 ers_{it}^2 + \gamma_3 ers_{it}^3 + \gamma_4 education_{it}$$
$$+ \gamma_5 scale_{it} + \gamma_6 ownership_{it} + \varepsilon_{it} \qquad (6.5)$$

$$\ln hquality_{it} = \alpha + \lambda_1 ers_{it} + \lambda_2 ers_{it}^2 + \lambda_3 \ln patent_{it} + \lambda_4 education_{it}$$
$$+ \lambda_5 industry_{it} + \lambda_6 asset_{it} + \varepsilon_{it} \qquad (6.6)$$

其中，下标 i 和 t 分别表示地区和年份，$hquality_{it}$ 表示高质量发展，ers_{it} 表示环境规制，$patent_{it}$ 表示技术创新，$education_{it}$ 表示受教育程度，$industry_{it}$ 表示产业结构，$asset_{it}$ 表示资本密集度，$scale_{it}$ 表示企业规模，$ownership_{it}$ 表示所有制结构，ε_{it} 表示随机扰动项。

（三）中介模型检验

借助巴龙和肯尼（Baron and Kenny，1986）和温忠麟等（2004）的逐步检验法，对上节构建的中介效应模型进行检验。具体步骤为：

第一步，检验环境规制对高质量发展的总效应。首先，对模型（6.4）进行回归分析，检验环境规制回归系数 β_1 的显著性。其次，若环境规制的

回归系数 β_1 显著，则继续进行下一步的检验。此时，β_1 表示环境规制对高质量发展的总效应。若回归系数 β_1 不显著，表明不存在中介效应，检验终止。

第二步，检验中介效应的显著性。首先，对模型（6.5）进行回归分析，检验环境规制回归系数 γ_1 的显著性。其次，对模型（6.6）进行归回分析，检验技术创新回归系数 λ_3 的显著性。若模型（6.4）中环境规制回归系数 β_1 显著，同时模型（6.5）中环境规制回归系数 γ_1 和模型（6.6）中技术创新回归系数 λ_3 均显著，则中介效应显著。如果回归系数 γ_1 和 λ_3 至少有一个不显著，则需进一步采用 Sobel 检验，并根据检验结果判断中介效应是否存在。

第三步，确定完全中介或部分中介效应。根据模型（6.4）、模型（6.5）和模型（6.6）的回归结果，在回归系数 β_1 显著的前提下，当回归系数 γ_1 和 λ_3 都显著时，λ_1 也显著，表明技术创新在环境规制与高质量发展之间存在部分中介效应。当回归系数 γ_1 和 λ_3 都显著时，λ_1 不显著，则表明存在完全中介效应。

上述中介效应模型检验方法流程如图 6-2 所示。

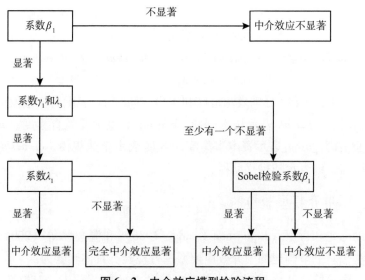

图 6-2　中介效应模型检验流程

三、变量定义及数据来源

（一）变量选取与定义

1. 被解释变量：高质量发展（hquality）

高质量发展指标以高质量发展综合评价指数衡量，高质量发展综合评价指标体系紧扣创新、协调、绿色、开放、共享的新发展理念，以经济增长总量、提质增效、创新驱动、结构调整、绿色发展、对外开放和民生保障7个一级指标和资本生产率、劳动生产率等17个二级指标构成，利用熵值法权重赋值进行指标测算。具体测算方法详见第四章。

2. 解释变量：环境规制（ers）

因环境政策纷繁复杂，指标难以量化，数据获取不易且质量不容乐观，从而环境规制量化指标难以统一。目前，现有文献采用多种不同指标进行替代衡量，如污染物排放密度、排污费收入、环境政策法规条例数量、人均GDP、污染投入占总产值的比重、单位产值污染排放量、排污综合指数法等。因单一指标缺乏足够说服力，本章仍借鉴傅京燕和李丽莎（2010）的做法，利用综合指数法（赵细康，2003）测算环境规制，以弥补单一指标不能客观真实地反映环境规制的整体状况。根据数据可获得性，选取各地区工业二氧化硫排放量、工业烟（粉）尘排放量、工业废水排放量和工业固体废物综合利用率4个评价指标作为构建环境规制的评价指标层，利用综合指数法测算环境规制指标。具体测算过程详见第四章。

3. 中介变量：技术创新（patent）

国内学者关于技术创新的衡量主要采用专利授权量、专利申请量、研究与开发内部经费投入、发明专利数量、新型专利数量、外观设计专利数量等。虽然上述单一指标衡量技术创新难免有些牵强，但迫于难以找到更合适的替代指标。因专利授权量是国家知识产权局对专利申请人研发的专利技术进行认定授权的总数，而提交申请的专利未必能获得专利授权，相比专利申请量而言，专利授权量能更好地反映技术创新能力。因此，本章将基于现有研究的基础上，仍采用专利授权量作为技术创新的衡量指标。

4. 控制变量

（1）受教育程度（*education*）。人才是创新之源，也是创新的核心要素，人才引领创新，创新驱动发展。提高受教育年限，加快创新人才积累，促进技术创新，推动高质量发展。本章利用大学（含大专）及以上学历居民占该地区 6 岁以上人口的比重衡量受教育程度。具体测算方法见第四章。

（2）企业规模（*scale*）。企业规模是市场竞争力的重要衡量指标之一，也是技术创新的重要影响因素。扩大企业规模不仅能实现规模效应，提高资源配置效率，而且还能发挥区域资源整合利用优势，实现创新技术互利共享，提升自身技术创新水平。本章利用规模以上工业企业资产与企业单位数的比值衡量企业规模。

（3）所有制结构（*ownership*）。所有制结构与企业性质有关，企业所有制结构不同，其资源禀赋与人才优势也有所差异，对技术创新和高质量发展均产生不同影响。本章利用规模以上国有控股工业企业资产占规模以上工业企业资产的比重衡量所有制结构。

（4）产业结构（*industry*）。要素投入驱动型传统产业结构以牺牲资源和环境为代价，调整与优化产业结构是提高资源要素效率的有效途径，也是供给侧结构性改革的有力举措，更是实现高质量发展的重要决策部署。本章采用第三产业增加值占第二产业增加值的比重衡量产业结构。

（5）资本密集度（*asset*）。尽管固定资产投资对扩大内需和拉动经济增长发挥了积极作用，但若过度倚重固定资产投资刺激经济增长，忽视技术创新对于提高要素效率的作用，以及环境治理对提升经济增长质量的贡献，必将不利于推动高质量发展。本章以地区固定资产存量占地区资本总额的比重衡量资本密集度。

（二）数据来源及统计分析

基于数据可获得性，本章选取我国 30 个省份（不含西藏自治区及港澳台地区）2003~2017 年数据作为样本对象。相关数据均来自历年《中国统计年鉴》《中国卫生健康统计年鉴》《中国贸易外经统计年鉴》《中国科技统计年鉴》《中国劳动统计年鉴》《中国工业统计年鉴》《中国环境统计年鉴》《中国农村统计年鉴》《中国工业统计年鉴》，数据中所有价值变量均以 2003 年为基期进行消胀处理。变量描述性统计分析如表 6-1 所示。

表6-1　　　　　　　　变量描述性统计分析结果

变量	观测值	均值	标准差	最小值	最大值
hquality	450	0.282	0.127	0.086	0.762
ers	450	0.987	1.176	0.013	8.317
patent	450	2.614	4.788	0.007	33.265
education	450	0.099	0.062	0.018	0.455
scale	450	2.662	2.204	0.491	14.725
ownership	450	0.532	0.183	0.140	0.890
industry	450	1.181	0.340	0.236	2.023
asset	450	0.952	0.039	0.731	1.103

四、实证检验与结果分析

（一）中介效应检验

根据温忠麟（2004）提出的逐步检验回归系数法，分三个步骤依次检验判定技术创新是否为环境规制对高质量发展影响的中介变量。

步骤1：模型（6.4）检验了环境规制对高质量发展的影响。结果显示，环境规制的估计系数在1%的统计水平上显著为负（$\beta_1 = -0.104$，$p = 0.001$），中介效应检验步骤1通过。

步骤2：模型（6.5）和模型（6.6）分别检验了环境规制对技术创新的影响和环境规制与技术创新对高质量发展的影响。结果显示，模型（6.5）中环境规制的估计系数在1%的统计水平上显著为负（$\gamma_1 = -0.454$，

$p = 0.006$ ），模型（6.6）中技术创新的估计系数在 10% 的统计水平上显著为正（$\lambda_3 = 0.027$，$p = 0.087$），中介效应检验步骤 2 通过。

步骤 3：模型（6.6）中环境规制的估计系数在 1% 的统计水平上显著为负（$\lambda_1 = -0.097$，$p = 0.003$），表明技术创新在环境规制对高质量发展中表现出了部分中介驱动效应。

（二）中介效应估计结果分析

表 6-2 是按照上述三个步骤检验技术创新是否在环境规制对高质量发展影响中存在中介驱动效应，Hausman 检验结果表明三个模型的固定效应优于随机效应，说明采用固定效应进行回归估计是合适的。

表 6-2　　　　　　　　　　中介效应检验回归结果

类型	变量	模型（6.4）	模型（6.5）	模型（6.6）
		lnhquality	*lnpatent*	*lnhquality*
中介变量	*lnpatent*			0.027 * （0.016）
解释变量	*ers*	-0.104 *** （0.032）	-0.454 *** （0.163）	-0.097 *** （0.033）
解释变量	*ers*²	0.007 * （0.004）	0.142 *** （0.055）	0.007 * （0.004）
解释变量	*ers*³		-0.010 ** （0.005）	
控制变量	*education*	1.631 *** （0.324）	12.423 *** （1.066）	1.062 ** （0.463）
控制变量	*industry*	0.105 ** （0.041）		0.122 *** （0.042）
控制变量	*asset*	-0.433 ** （0.260）		-0.582 ** （0.273）
控制变量	*scale*		0.151 *** （0.018）	

类型	变量	模型（6.4） *lnhquality*	模型（6.5） *lnpatent*	模型（6.6） *lnhquality*
控制变量	*ownership*		-4.967*** (0.320)	
	_cons	-1.144*** (0.250)	1.010*** (0.229)	-0.967*** (0.270)
	Obs	450	450	450
	F	9.50	314.72	9.50
	R^2	0.558	0.508	0.558

注：*、**、*** 分别表示在10%、5%、1%的水平上统计显著，括号内是聚类稳健性标准误差。

从模型（6.4）的回归结果可知，环境规制一次项系数在1%的统计水平上显著为负（$\beta_1 = -0.104$，$p = 0.001$），二次项系数在10%的统计水平上显著为正（$\beta_2 = 0.007$，$p = 0.070$），表明环境规制对高质量发展的影响呈U形曲线关系。环境政策实施初期，企业为了满足环境规制要求，采取事后治理方式减少污染排放，投入污染治理资金，挤占了企业生产成本，降低经济增长数量。与此同时，宽松的环境政策对技术创新的激励效应明显不足，经济发展质量提升不显著。因而，环境规制的遵循成本对经济增长数量的负向效应大于对经济发展质量的正向效应，总效应为负。当环境规制逐渐增强，适当的环境规制倒逼企业技术创新，形成绿色生产方式和生活方式，提高要素配置效率，提升经济发展质量。当创新补偿效应对高质量发展的正向作用大于遵循成本效应的负向作用，环境规制对高质量发展表现出促进作用。

从模型（6.5）可以看到，环境规制一次项系数为负，且在1%的统计水平上显著（$\gamma_1 = -0.454$，$p = 0.006$），二次项系数在1%的统计水平上显著为正（$\gamma_2 = 0.142$，$p = 0.010$），三次项系数在5%的统计水平上显著为负（$\gamma_3 = -0.010$，$p = 0.028$），说明环境规制与技术创新之间的关系符合倒N形动态曲线特征。环境规制强度偏弱时，对技术创新的激励作用不明显。因此，遵循成本效应的负向效应大于创新补偿效应的正向效应，总效应为负。

然而，当环境规制强度特别大时，创新补偿效应不足以弥补遵循成本效应，总效应也为负。因此，唯有当环境规制强度处在适当的帕累托最优区域时，技术创新产生创新补偿效应大于环境规制遵循成本效应，表现出环境规制对技术创新的促进作用。

模型（6.6）的结果显示，环境规制一次项系数在1%的水平上显著为负（$\lambda_1 = -0.097$，$p = 0.003$），二次项系数在10%的水平上显著为正（$\lambda_2 = 0.007$，$p = 0.078$），表明环境规制对高质量发展的影响符合U形曲线特征。随着环境规制由弱到强，环境规制对高质量发展的影响呈现出先抑制后促进的动态过程。从回归结果可以看出，技术创新的系数为正，且在10%的统计水平上显著（$\lambda_3 = 0.027$，$p = 0.087$），表明技术创新通过提高技术效率和要素效率，提升了经济发展质量，显著地推动了高质量发展。

与模型（6.4）相比，模型（6.6）中环境规制的回归系数与显著性水平都有所降低。究其原因是，技术创新在环境规制对高质量发展影响中发挥了显著的部分中介驱动效应。模型（6.4）中环境规制的估计系数代表环境规制对高质量发展影响的总效应，包含了环境规制对高质量发展的直接效应和环境规制通过技术创新中介变量对高质量发展影响的间接效应。而模型（6.6）中因引入了技术创新中介变量，环境规制对高质量发展影响的总效应中一部分被技术创新对高质量发展影响直接效应所抵消，从而引起模型（6.6）中环境规制的估计系数和显著性都有所降低。

（三）中介效应分析

环境规制对高质量发展影响的总效应由模型（6.4）中环境规制估计系数 β_1 表示，直接效应由模型（6.6）中环境规制估计系数 λ_1 表示，技术创新的中介效应由模型（6.5）中的环境规制估计系数 γ_1 与模型（6.6）中技术创新估计系数 λ_3 的乘积表示，即中介驱动效应 = $\gamma_1 \times \lambda_3$。表6-2的中介驱动效应的回归结果显示，环境规制对高质量发展影响的总效应 $\beta_1 = -0.104$，直接效应 $\lambda_1 = -0.097$，技术创新的部分中介效应 $\gamma_1 \times \lambda_3 = -0.012$。$\gamma_1 \times \lambda_3 / \beta_1$ 表示部分中介效应在总效应中所占比重，衡量技术创新在环境规制对高质量发展影响中的部分中介驱动效应强度。结果如表6-3所示。

表 6 − 3   环境规制、技术创新与高质量发展的效应分析

效应	测算方法	效应值
中介效应	$\gamma_1 \times \lambda_3$	− 0.012
总效应	β_1	− 0.104
中介效应/总效应	$\gamma_1 \times \lambda_3 / \beta_1$	11.5%

上述实证结果表明，技术创新在环境规制对高质量发展的影响中发挥了部分中介传递作用。

为进一步探究技术创新在环境规制对高质量发展影响中的中介驱动效应，必须将技术创新与环境规制和高质量发展融于一体进行深层次分析。为清晰直观地观察环境规制对高质量发展影响的 U 形曲线与环境规制对技术创新影响的倒 N 形曲线之间的位置关系，本节绘制了环境规制与技术创新和高质量发展的动态曲线图，如图 6 – 3 所示。

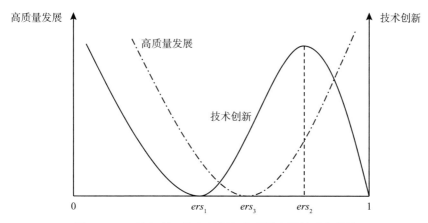

图 6 – 3   环境规制、技术创新与高质量发展的动态曲线

实现"环境规制—技术创新—高质量发展"三方"共赢"，必须深入透彻厘清环境规制、技术创新、高质量发展三者之间的相互作用关系。环境规制对技术创新的影响呈倒 N 形曲线关系，且技术创新与高质量发展呈正相关关系，那么，为什么环境规制对高质量发展的影响是 U 形曲线而不是倒 N 形曲线关系呢？（1）当 $ers \in (0, ers_1)$ 时，环境规制相对宽松，宽松的环

境规制抑制企业技术创新，从而环境规制对高质量发展也产生抑制作用。（2）当 $ers \in (ers_1, ers_2)$ 时，随着环境规制强度逐渐增大，严格且适当的环境规制促进企业技术创新。只要环境规制刺激企业技术创新产生创新补偿效应大于环境规制遵循成本效应，环境规制对高质量发展表现出正向促进作用。（3）当 $ers \in (ers_2, 1)$ 时，若环境规制持续增强趋近非常严格时，过于严格的环境规制抑制企业技术创新。虽然环境规制遵循成本效应对经济数量增长产生抑制作用，但是创新补偿效应对经济质量提升的促进作用远超过遵循成本效应对经济增长数量的抑制作用，从而环境规制对高质量发展的综合影响仍表现出正向促进作用。概而言之，只要环境规制跨越 U 形曲线拐点值（ers_3）后，环境规制对高质量发展必将产生持续的推动作用。

接下来，对两种动态曲线的拐点进行讨论。首先，环境规制对技术创新影响的倒 N 形曲线第一个拐点（ers_1）与环境规制对高质量发展影响的拐点（ers_3）相同吗？答案是否定的。其实，当 $ers \in (ers_1, ers_2)$ 时，环境规制促进技术创新，但未必就能推动高质量发展。其原因在于，当环境规制强度越过倒 N 形曲线第一个拐点（ers_1）后，环境规制促进技术创新，但此时技术创新产生创新补偿效应仍不足以弥补甚至超越环境规制遵循成本效应，表现出环境规制对经济增长数量的抑制作用大于其对经济质量提升的促进作用，环境规制抑制高质量发展。此时，环境规制强度仍处在 U 形曲线的左侧。由此可见，倒 N 形曲线第一个拐点（ers_1）比 U 形曲线拐点（ers_3）的强度低一些，即 $ers_1 < ers_3$。其次，随着环境规制强度不断增加，技术创新产生的创新补偿效应持续提升，当 $ers = ers_3$ 时，技术创新产生创新补偿效应等于环境规制遵循成本效应，环境规制对高质量发展影响的 U 形曲线达到拐点（ers_3）。当 $ers > ers_3$ 时，技术创新产生的创新补偿效应大于环境规制遵循成本效应，环境规制对高质量发展的影响产生推动作用。因此，两种动态曲线的拐点满足 $ers_1 < ers_3 < ers_2$，说明 U 形曲线的拐点落在倒 N 形曲线的帕累托最优区域内，即 $ers_3 \in (ers_1, ers_2)$。

五、本 章 小 结

根据上文关于环境规制与技术创新以及环境规制与高质量发展之间的影

响关系，本章将环境规制、技术创新、高质量发展纳入一个整体研究体系框架，构建了"环境规制—技术创新—高质量发展"的中介效应模型，利用2003~2017年我国30个省份（不含西藏自治区和港澳台地区）数据，实证检验技术创新在环境规制对高质量发展影响中的中介驱动效应。根据模型显著性检验结果，可判断技术创新在环境规制对高质量发展的影响中发挥了部分中介驱动效应。

实证结果显示，环境规制对高质量发展影响的总效应为 -0.104，技术创新在环境规制对高质量发展影响中的部分中介驱动效应为 -0.012。因此，技术创新的部分中介驱动效应占总效应的比重为 11.5%。要厘清环境规制与高质量发展的关系，关键在于搞清环境规制与技术创新的关系，使环境规制强度处于帕累托最优区域，对技术创新产生促进作用，进而推动高质量发展。

第七章

研究结论、政策建议与未来展望

本章基于对环境规制、技术创新、高质量发展研究的基础上，对本书研究内容进行归纳与总结，提炼出本书的研究结论，并根据研究结论，提出可行性政策建议，以及未来进一步研究方向与未来展望。

一、研究结论

中国特色社会主义进入新时代，我国经济已由高速增长阶段转向高质量发展阶段，社会主要矛盾已经转化为人民日益增长的美好生活需要和不平衡不充分的发展之间的矛盾，人们不仅需要充裕的物质财富和精神财富以满足日益增长的美好生活需要，还要优质的生态资源以满足日益增长的优美环境需要。因此，环境保护与经济增长之间的矛盾日益凸显，必须依靠技术创新，培育经济增长新极核，激活经济新动能，提高资源要素配置效率，提升全要素生产率，推动我国经济社会又好又快发展。环境规制作为社会性规制范畴的一项约束性政策，能否通过激励企业技术创新，提高经济增长数量和质量，促进经济高质量发展？如果回答是肯定的，则政府通过制定相应的环保政策和措施，调节企业生产与经营活动，促进企业技术创新，实现环境保护与经济高质量发展"双赢"。否则，环境规制不仅无法促进技术创新，而且因环境规制的遵循成本对企业生产成本产生资金挤出效应，降低经济增长数量，不利于推动经济高质量发展。

本书对上述问题进行深入研究与探讨。首先，基于创新、协调、绿色、开放、共享的新发展理念，构建高质量发展综合评价指标体系，利用动态面板模型实证分析了环境规制对高质量发展的影响。此外，还进一步利用空间Dubin模型分析了环境规制对高质量发展的时间滞后效应和空间溢出效应。其次，对"波特假说"提出适当的环境规制强度范围展开深入讨论，利用系统GMM方法实证分析了环境规制对技术创新的影响。同时，构建了环境规制对技术创新影响的双门槛效应模型，验证了环境保护与技术创新"双赢"的帕累托最优区域。最后，为验证技术创新是否在环境规制对高质量发展的影响中发挥中介驱动效应，构建了"环境规制—技术创新—高质量发展"的中介效应模型，实证分析了技术创新在环境规制对高质量发展影响中的部分中介驱动效应。

基于此，可将本书的主要结论归纳为如下五点：

第一，环境规制对高质量发展影响呈先抑制后促进的U形曲线关系。

高质量发展的核心要素是发展质量和效益，不仅要表现在经济上"量"的积累，更要突显在经济上"质"的提升，是经济增长数量和质量的融合发展。第四章分别从经济增长数量和质量方面着手，紧扣创新、协调、绿色、开放、共享的新发展理念，以经济增长总量、提质增效、创新驱动、结构调整、绿色发展、对外开放和民生保障7个维度构建高质量发展综合评价指标体系，测算了我国30个省份高质量发展综合评价指数。基于我国30个省份面板数据的经验研究表明，环境规制一次项、二次项对高质量发展影响的回归系数符号为先负后正，且均通过了显著性检验。随着环境规制强度不断增加，环境规制对高质量发展的影响呈先降低后提升的U形曲线关系。从回归系数上看，环境规制对高质量发展影响的U形曲线拐点高于当前我国环境规制强度均值，意味着现阶段我国大多数省份环境规制强度仍处于拐点左侧，环境规制对经济增长数量的负向作用大于其对经济发展质量的正向作用。因此，对于我国大多数地区而言，当前提高环境规制强度对经济高质量发展表现出抑制作用。

第二，环境规制对地区高质量发展具有空间溢出效应和时间滞后效应，即环境规制对地区高质量发展存在显著的空间异质性。

根据动态面板回归模型估计结果显示，环境规制对高质量发展具有显著的促进作用，且当期高质量发展与前期高质量发展显著正相关，表明环境规制对高质量发展具有时间滞后效应。第四章构建了动态空间Dubin模型分析在环境规制政策约束下地区高质量发展的空间溢出效应，分别采用地理距离和经济距离空间权重矩阵进行空间异质性研究。结果显示，我国30个省份高质量发展存在显著的空间正向集聚效应。表明地区高质量发展不仅取决于地区自身高质量发展水平，而且也取决于相邻地区高质量发展水平。推进高质量发展不仅能提高区域自身经济发展水平，而且对相邻地区高质量发展也会产生"见贤思齐"的作用。分地区看，东部地区环境规制政策对高质量发展影响不明显，西部地区环境规制对高质量发展的影响程度最大，且显著性最高，说明环境规制对推动西部地区高质量发展发挥了积极作用。与东、西部地区相比，中部地区的空间溢出效应最明显。由于中部地区地处东西部地区承接地带，发挥着桥梁和纽带作用，加强中部地区空间关联效应和累积效应，提高中部地区高质量发展自身的空间溢出效应，有助于推进东部、中部和西部地区经济协调均衡发展，实现全局经济高质量发展。

第三，环境规制对技术创新的影响符合倒N形曲线动态特征。

"波特假说"提出，适当严格的环境规制对技术创新产生促进作用。第五章构建数理模型分析表明，当厂商处于宽松的环境规制政策下，厂商采用事后治理方式进行末端污染治理，挤占技术创新资金，对技术创新产生抑制作用。然而，当环境规制强度特别大时，厂商污染排放量已达到最低，但仍难以符合政策要求，环境规制的遵循成本对技术创新产生资金挤出效应，抑制技术创新。唯有环境规制处于帕累托最优区域时，环境规制促进技术创新。为了验证数理模型推导的结论，本书构建了包含环境规制一次项、二次项、三次项的环境规制对技术创新影响的回归模型，利用我国30个省份面板数据进行实证分析检验。结果表明，环境规制一次项、二次项、三次项对技术创新的估计系数符号分别为负、正、负，且均通过了显著性检验，验证了环境规制对技术创新的影响呈先抑制、后促进、再抑制关系，符合倒N形曲线动态特征。

第四，环境规制与技术创新之间存在双门槛效应，且门槛范围内属于帕累托最优区域。

为了探寻"波特假说"提出适当且严格的环境规制强度准确区间范围，第五章基于汉森（Hansen，2000）两体制面板门槛效应模型，构建了环境规制与技术创新双门槛效应模型。结果显示，环境规制与技术创新之间存在两个拐点，表明环境规制对技术创新的影响存在双门槛效应。当环境规制低于第一门槛值 0.168 时，系数估计值显著为负，环境规制抑制技术创新。当环境规制超越第二门槛值 0.728 时，系数估计值也显著为负，环境规制同样抑制技术创新。唯有环境规制处于双门槛值 0.168 至 0.728 之间时，环境规制系数估计值显著为正，环境规制促进企业技术创新。特别值得注意的是，倘若环境规制促进企业技术创新，则环境规制强度必定处在门槛范围内。即环境规制强度的帕累托最优区域范围是（0.168, 0.728）。实际上，环境规制对技术创新的影响还受地区经济发展水平的影响。地区经济发展水平在环境规制对技术创新影响中表现出单门槛效应。当人均地区 GDP 低于 52060 元时，环境规制对技术创新的边际贡献率为 0.098；当人均地区 GDP 高于 52060 元时，环境规制对技术创新的边际贡献率上升为 2.094。研究表明，地区经济发展水平越高，越有利于提升环境规制对技术创新影响的边际贡献率。

第五，技术创新在环境规制对高质量发展影响中存在部分中介效应。

环境规制对经济增长数量和质量产生影响，必须依靠技术创新才得以实现。严格的环境规制倒逼企业技术创新，提高要素配置效率，提升经济发展质量，推动高质量发展。所以，技术创新在环境规制对高质量发展的影响中表现出中介作用。为此，第六章将技术创新作为中介变量纳入环境规制与高质量发展的研究框架中，构建"环境规制—技术创新—高质量发展"的中介效应模型。研究显示，技术创新在环境规制对高质量发展的影响中起着中介传递作用。而且，技术创新作为中介变量，在环境规制政策约束下，对高质量发展的回归系数显著为正，表明技术创新在环境规制对高质量发展的影响中发挥了积极的促进作用。通过进一步分析，我们发现技术创新在环境规制对高质量发展中发挥了部分中介驱动效应，而非完全中介驱动效应。从驱动效应大小上看，环境规制对高质量发展影响的总效应为 -0.104，技术创新在环境规制对高质量发展影响中的部分中介驱动效应为 -0.012，因此，技术创新的部分中介效应占总效应的比重为 11.5%。

二、政策建议

在推进经济高质量发展新常态的背景下，如何协调好环境保护与高质量发展的关系关乎能否建成"两型社会"以及人与自然和谐共生的重大课题,对于调整与优化经济结构,深化供给侧结构性改革,以及经济社会可持续发展具有非常重要的理论和现实意义。因此,探索"环境—经济—社会"均衡协调的可持续发展之路,正确处理"环境规制—技术创新—高质量发展"的关系已成为近年来国内外学术界非常关注的热点问题之一。本研究围绕环境规制、技术创新、高质量发展为主题进行实证研究,取得了实质性的研究成果。针对以上研究结论,为更好地发挥环境规制对高质量发展的促进作用,本节将从以下几个方面提出可行性的政策建议。

(一) 因地制宜地实施差异化的环境规制政策

为充分发挥环境规制政策对技术创新的促进作用,根据各地区自然资源禀赋、生态环境质量和经济发展水平,因地制宜地实施差异化的环境规制政策。我国幅员辽阔,东部、中部、西部地区经济发展水平不同,自然资源禀赋差异明显,生态环境质量差异导致污染承载力也不尽相同,实施环境规制政策不能盲目搞"一刀切"。倘若政府执行统一规范性的环境规制政策标准,难免会出现东部地区环境规制相对宽松,而西部地区却过于严格的局面,过于宽松或过于严格的环境规制都不利于技术创新。因此,西部地区自然资源禀赋良好,生态环境质量优越,但经济发展水平偏低,实施宽松的环境规制,积极引导和鼓励企业加强自主创新,提高资源要素配置效率,减少污染排放。东部地区经济发达,但自然资源环境禀赋较差,制定并实施相对严格的环境规制政策标准,倒逼企业技术创新,培育经济增长新极核,激活经济增长新动能,实施创新驱动发展战略,推广节能减排生产方式,实现经济社会可持续发展。但不同地区的政策制定与实施也需要相互协调配合,环境规制强度差异不宜过大,尽可能地避免产生污染避难所效应,导致污染型产业从"强规制"区域向"弱规制"区域进行大规模转移,既不利于促进企业技术创新,也不利于实现全局经济高质量发展。

(二) 适当提高环境规制强度,提升经济发展质量

技术创新作为中介变量,在环境规制对高质量发展影响中发挥部分中介作用。环境规制通过影响企业技术创新,间接地对高质量发展产生影响。当

前，虽然我国近半数区域环境规制处于帕累托最优区域，有利于促进技术创新，但大多数地区环境规制仍处于环境规制对高质量发展影响的 U 形曲线左侧，对高质量发展的影响表现为抑制作用。虽然当前的环境规制强度有利于促进技术创新，但技术创新产生创新补偿效应仍不足以抵消甚至超过环境规制遵循成本效应，对推进高质量发展的作用不明显。因此，唯有创新补偿效应大于遵循成本效应，环境规制才能通过技术创新促进高质量发展。然而，现阶段我国多数地区环境规制强度偏低，环境规制对经济增长数量的抑制作用大于对经济发展质量的提升作用，因而环境规制对高质量发展影响表现出负向作用。所以，适度提高环境规制强度，有利于提升经济发展质量，推进经济高质量发展。然而，过于严格的环境规制虽然有利于提升经济发展质量，但对企业技术创新产生抑制作用。所以，在提高环境规制政策强度时，也要把握适度原则，切莫盲目提高环境规制强度，尽可能地将环境规制强度控制在帕累托最优区域，实现环境保护、技术创新、高质量发展三方"多赢"的局面。

（三）完善相关环境规制政策配套措施

任何事物之间都是相互关联的，若要提升环境规制政策效果，必须辅助相关的配套政策举措。在借助环境规制政策推动高质量发展过程中，政府要在体制、机制等政策方面做好相关的配套扶持工作。根据实证分析结论，可概括为以下三点：

1. 深入推进供给侧结构性改革

产业结构是提升经济发展质量的重要突破口，调整与优化产业结构是深化供给侧结构性改革的重要途径之一。深化供给侧结构性改革，优化经济结构，调节产能结构性过剩，完善市场资源配置，提高资源要素配置效率，提升经济发展质量。

2. 提高居民受教育程度，提升人才积累效应

教育是提升居民综合素质的重要途径，提高居民受教育程度，既有助于增强人们的环保意识，倡导绿色发展理念，全民参与共同抵制污染排放，也有助于培养创新型高层次人才，提升自主创新能力建设，培育经济增长新动

能，激发市场活力和企业创造力。但是，也需要防止过度教育，避免受教育年限超过实际工作需要，造成教育资源浪费。同时，既要防止过度教育造成劳动力市场逆向选择，导致劳动力要素配置扭曲，也要避免过度教育的"挤兑效应"，降低了教育投资率，造成社会福利损失。

3. 降低资本密集度，提高科技创新投入

过于倚重固定资产投资虽然能提高经济增长数量，但同时也加剧了生态环境恶化，降低了经济发展质量。在中国特色社会主义新时代，高质量发展已成为新常态，要转变投资方式，更加注重基础研究和科技创新资金投入，加大科技成果转化力度，提高科技成果转化收益率，努力建成创新型社会，提升经济发展质量。

三、未来展望

需要特别指出的是，虽然本书对环境规制、技术创新、高质量发展的影响进行了深入完整的数理分析与实证研究，也取得了一些创造性的研究结论，但限于作者研究能力有限以及数据可获得性，本书仍存在一些有待进一步补充和完善之处。

第一，企业技术创新的影响因素包括创新投入、创新产出、政策支持、人才支撑等，由于创新数据不易获取，因而采取专利授权量和研究与开发内部经费投入两个指标衡量技术创新水平。众所周知，技术创新是一项综合性指标，采用单一指标衡量难免会造成指标信度偏低，直接影响研究结论的效度。

第二，本书虽然构建了包含环境质量效用函数的数理模型，但仍然只是围绕环境规制对经济增长数量的影响，而缺乏从环境规制对经济发展质量方面的考察与分析。尽管环境规制对经济发展质量具有显著的提升作用，但利用数理模型分析环境规制对经济发展质量的影响同样也非常重要。

第三，本书尽管利用综合指数法测算了我国30个省份高质量发展综合评价指数，但高质量发展指标包含但不限于经济、生态、社会、民生等方面，还涉及人文素养、精神追求等意识形态方面，难以将全部指标都纳入指

标构建体系，从而直接影响高质量发展指数的准确性以及研究结论的可靠性。

　　第四，研究已探明了技术创新在环境规制对高质量发展影响中存在部分中介驱动效应，该结论充分说明环境规制对高质量发展影响还存在其他的中介变量，对二者之间的影响也发挥了部分中介效应，但本书并未对此进行更广泛的拓展性研究，这也为未来进一步研究提供了方向和发展空间。

参 考 文 献

[1] 波特. 国家竞争优势 [M]. 李明轩, 邱如美译. 北京: 华夏出版社, 2007: 530 – 548.

[2] 蔡乌赶, 周小亮. 中国环境规制对绿色全要素生产率的双重效应 [J]. 经济学家, 2017 (9): 27 – 35.

[3] 曹玉书, 尤卓雅. 资源约束、能源替代与可持续发展——基于经济增长理论的国外研究综述 [J]. 浙江大学学报 (人文社会科学版), 2010 (4): 5 – 13.

[4] 查建平, 郑浩生, 范莉莉. 环境规制与中国工业经济增长方式转变——来自 2004 – 2011 年省级工业面板数据的证据 [J]. 山西财经大学学报, 2014, 36 (5): 54 – 63.

[5] 钞小静, 惠康. 中国经济增长质量的测度 [J]. 数量经济技术经济研究, 2009 (6): 75 – 85.

[6] 钞小静, 任保平. 中国经济增长质量的时序变化与地区差异分析 [J]. 经济研究, 2011 (4): 26 – 40.

[7] 陈昌兵. 新时代我国经济高质量发展动力转换研究 [J]. 上海经济研究, 2018 (5): 16 – 24.

[8] 陈路. 环境规制、技术创新与经济增长——以武汉城市圈为例 [D]. 武汉: 武汉大学, 2017.

[9] 陈诗一, 陈登科. 污染污染、政府治理与经济高质量发展 [J]. 经济研究, 2018 (2): 20 – 34.

[10] 程开明. 城市化、技术创新与经济增长 [J]. 统计研究, 2009, 26 (5): 40 – 46.

[11] 邓美薇，张季风．技术创新对提升日本经济增长质量的驱动作用研究——基于日本都道府县动态面板数据的分析 [J]．现代日本经济，2018，221（5）：69 – 80．

[12] 董景荣，周洪力．技术创新内涵的理论思考 [J]．科技管理研究，2007（7）：27 – 29．

[13] 董敏杰．环境规制对中国产业国际竞争力的影响 [D]．北京：中国社会科学院，2011．

[14] 樊纲．市场机制与经济效率 [M]．上海：上海三联书店，1995．

[15] 范庆泉，张同斌．中国经济增长路径上的环境规制政策与污染治理机制研究 [J]．世界经济，2018（8）：171 – 192．

[16] 封福育．环境规制与经济增长的多重均衡：理论与中国经验 [J]．当代财经，2014，360（11）：14 – 24．

[17] 冯志军，陈伟，杨超均．环境规制差异、创新驱动与中国经济绿色增长 [J]．技术经济，2017，36（8）：61 – 69．

[18] 傅家骥．技术创新学 [M]．北京：清华大学出版社，1998：69 – 72．

[19] 傅京燕，李丽莎．环境规制、要素禀赋与产业国际竞争力的实证研究——基于中国制造业的面板数据 [J]．管理世界，2010（10）：87 – 98．

[20] 傅京燕．环境规制与产业国际竞争力 [M]．北京：经济科学出版社，2006．

[21] 高培勇，袁富华，胡怀国，刘霞辉．高质量发展的动力、机制与治理 [J]．经济研究，2020（4）：4 – 19．

[22] 郭红燕，刘民权．贸易与环境 [M]．北京：科学出版社，2010．

[23] 郭凯，付浩．技术创新视角下的中国经济增长质量——基于中国2000 ~ 2016 年样本数据 [J]．科技管理研究，2019（3）：58 – 62．

[24] 郭熙保．发展经济学经典论著选 [M]．北京：中国经济出版社，1998：474．

[25] 郭熙保．论中国经济发展模式及其转变 [J]．当代财经，2011（3）：5 – 11．

[26] 海因茨·沃尔夫冈·阿恩特．经济发展思想史 [M]．北京：商务印书馆，1999：142．

[27] 韩晶，刘远，张新闻. 市场化、环境规制与中国经济绿色增长 [J]. 经济社会体制比较，2017，193（5）：105 - 115.

[28] 郝颖，辛清泉，刘星. 地区差异、企业投资与经济增长质量 [J]. 经济研究，2017（3）：101 - 114.

[29] 何爱平，李雪娇，邓金钱. 习近平新时代绿色发展的理论创新研究 [J]. 经济学家，2018（6）：5 - 12.

[30] 何兴邦. 环境规制与中国经济增长质量——基于省级面板数据的实证分析 [J]. 当代经济科学，2018，40（2）：1 - 10.

[31] 胡援成，肖德勇. 经济发展门槛与自然资源诅咒——基于我国省际层面的面板数据实证研究 [J]. 管理世界，2007（4）：15 - 23.

[32] 黄清煌，高明. 环境规制对经济增长的数量和质量效应——基于联立方程的检验 [J]. 经济学家，2016（4）：53 - 62.

[33] 黄庆华，胡江峰，陈习定. 环境规制与绿色全要素生产率：两难还是双赢？[J]. 中国人口·资源与环境，2018，28（11）：140 - 149.

[34] 黄选高. 关于经济增长与经济发展的关系探讨 [J]. 发展与改革，2004（3）：13 - 14.

[35] 江珂，卢现祥. 环境规制与技术创新——基于中国1997～2007年省际面板数据分析 [J]. 科研管理，2011，32（7）：60 - 66.

[36] 江炎骏，赵永亮. 环境规制、技术创新与经济增长 [J]. 科技与经济，2014，158（28）：29 - 33.

[37] 蒋伏心，王竹君，白俊红. 环境规制对技术创新影响的双重效应——基于江苏制造业动态面板数据的实证研究 [J]. 中国工业经济，2013，304（7）：44 - 55.

[38] 金碚. 关于"高质量发展"的经济学研究 [J]. 中国工业经济，2018（4）：5 - 18.

[39] 金碚. 资源环境管制与工业竞争力关系的理论研究 [J]. 中国工业经济，2009（3）：5 - 17.

[40] 卡马耶夫. 经济增长的速度和质量 [M]. 武汉：湖北人民出版社，1983：5 - 50.

[41] 拉尔. 发展经济学的贫困 [M]. 刘泸生译. 上海：上海三联书店，1992.

［42］冷崇总．构建经济发展质量评价指标体系［J］．宏观经济管理，2008（4）：43－45．

［43］李冻菊．区域创新能力与经济增长质量的关系——以河南省为例［J］．社会科学家，2013，195（7）：67－72．

［44］李玲，陶峰．中国制造业最优环境规制强度的选择——基于绿色全要素生产率的视角［J］．中国工业经济，2012，290（5）：70－82．

［45］李珊珊．环境规制对异质性劳动力就业的影响——基于省级动态面板数据的分析［J］．中国人口·资源与环境，2015，25（8）：135－143．

［46］李树，翁卫国．我国地方环境管制与全要素生产率增长——基于地方立法和行政规章实际效率的实证分析［J］．财经研究，2014，40（2）：19－29．

［47］李婉红，毕克新，曹霞．环境规制工具对制造企业绿色技术创新的影响——以造纸及纸制品企业为例［J］．系统工程，2013，238（10）：112－122．

［48］李子联，王爱民．江苏高质量发展：测度评价与推进路径［J］．江苏社会科学，2019（1）：247－256．

［49］林毅夫，苏剑．论我国经济增长方式的转换［J］．管理世界，2007（11）：5－13．

［50］林兆木．我国经济高质量发展的内涵和要义［J］．西部大开发，2018（1－2）：111－113．

［51］刘建民，成果．环境管制对FDI区位分布影响的实证分析［J］．中国软科学，2008（1）：102－107．

［52］刘倩楠．环境规制对制造业技术创新的影响：基于中部地区的实证研究［D］．太原：山西财经大学，2018．

［53］刘伟，薛景．环境规制与技术创新：来自中国省际工业行业的经验证据［J］．宏观经济研究，2015（10）：72－80．

［54］刘跃，卜曲，彭春香．中国区域技术创新能力与经济增长质量的关系［J］．地域研究与开发，2016，35（3）：1－4．

［55］柳卸林．技术创新经济学［M］．北京：中国经济出版社，1993．

［56］陆旸，郭路．环境库兹涅茨倒U型曲线和环境支出的S型曲线：一个新古典增长框架下的理论解释［J］．世界经济，2008（12）：82－92．

[57] 陆旸. 环境规制影响了污染密集型商品的贸易比较优势吗?[J]. 经济研究, 2009 (4): 28-40.

[58] 罗能生, 王玉泽. 财政分权、环境规制与区域生态效率——基于动态空间杜宾模型的实证研究 [J]. 中国人口·资源与环境, 2017, 27 (4): 110-118.

[59] 马玉荣. 以开放促进中国经济高质量发展——访国务院发展研究中心副主任隆国强 [J]. 中国发展观察, 2018 (1): 9-12.

[60] 潘家华. 持续发展途径的经济学分析 [M]. 北京: 社会科学文献出版社, 1993: 101.

[61] 彭文斌, 程芳芳, 路江林. 环境规制对省域绿色创新效率的门槛效应研究 [J]. 南方经济, 2017 (9): 73-84.

[62] 任保平, 郭晗. 经济发展方式转变的创新驱动机制 [J]. 学术研究, 2013 (2): 69-75.

[63] 任保平, 魏婕. 追求质量是未来中国经济增长的主题 [J]. 经济纵横, 2012 (4): 45-48.

[64] 任保平, 文丰安. 新时代中国高质量发展的判断标准、决定因素与实现途径 [J]. 改革, 2018 (4): 5-16.

[65] 任保平. 经济增长质量: 经济增长理论框架的扩展 [J]. 经济学动态, 2013 (11): 45-51.

[66] 任保平. 经济增长质量: 理论阐释、基本命题与伦理原则 [J]. 学术月刊, 2012, 44 (2): 63-70.

[67] 任保平. 新时代中国经济从高速增长转向高质量发展: 理论阐释与实践取向 [J]. 学术月刊, 2018 (3): 66-74.

[68] 桑百川, 张彩云. 利用外商直接投资推动中国经济高质量发展 [J]. 新视野, 2018 (4): 83-88.

[69] 佘时飞. 经济增长理论文献综述 [J]. 科技经济市场, 2009 (8): 38-39.

[70] 沈能, 刘凤朝. 高强度的环境规制真能促进技术创新吗?——基于"波特假说"的再检验 [J]. 中国软科学, 2012 (4): 49-59.

[71] 师博, 任保平. 中国省级经济高质量发展的测度与分析 [J]. 经济问题, 2018 (4): 1-6.

[72] 师博,张冰瑶.全国地级以上城市经济高质量发展测度与分析 [J].社会科学研究,2019 (3):19-27.

[73] 师博,张冰瑶.新时代、新动能、新经济——当前中国经济高质量发展解析 [J].上海经济研究,2018 (5):25-33.

[74] 施蒂格勒.产业组织与政府管制 [M].潘振民译.上海:上海人民出版社,1996:158-160.

[75] 石华平,易敏利.环境规制对高质量发展的影响及空间溢出效应研究 [J].经济问题探索,2020a (5):160-175.

[76] 石华平,易敏利.环境规制与技术创新的帕累托最优区域研究——基于中国 35 个工业行业面板数据的经验分析 [J].软科学,2019 (9):40-45.

[77] 石华平,易敏利.环境治理、高质量发展与居民幸福感——基于 CGSS (2015) 微观调查数据的实证研究 [J].管理评论,2020b (9):18-33.

[78] 史普博.管制与市场 [M].余晖等译.上海:上海人民出版社,1999.

[79] 史自立.区域创新能力与经济增长质量关系的实证研究 [J].重庆大学学报 (社会科学版),2013,19 (6):1-8.

[80] 宋文飞,李国平,韩先锋.价值链视角下环境规制对 R&D 创新效率的异质门槛效应——基于工业 33 个行业 2004-2011 年的面板数据分析 [J].财经研究,2014,40 (1):93-104.

[81] 宋旭光.资源约束与中国经济发展 [J].财经问题研究,2004 (11):15-20.

[82] 孙刚.污染、环境保护和可持续发展 [J].世界经济文汇,2004 (5):47-58.

[83] 孙瑾,刘文革,周钰迪.中国对外开放、产业结构与绿色经济增长 [J].管理世界,2014 (6):172-173.

[84] 孙雅娜.外商直接投资、技术外溢与中国经济增长 [J].当代经济管理,2005,27 (3):34-38.

[85] 孙英杰,林春.试论环境规制与中国经济增长质量提升——基于环境库兹涅茨倒 U 型曲线 [J].上海经济研究,2018 (3):84-94.

[86] 孙玉阳，宋友涛，杨春荻. 环境规制对经济增长质量的影响：促进还是抑制？[J]. 当代经济管理，2019（10）：11 – 17.

[87] 谭宗台. 发展经济学的新发展 [M]. 武汉：武汉大学出版社，1999：45 – 46.

[88] 汤长安，欧阳峣. 发展中大国制度变迁、技术进步与经济增长 [J]. 湖南社会科学，2012（1）：61 – 64.

[89] 唐国平，李龙会，吴德军. 环境管制、行业属性与企业环保投资 [J]. 会计研究，2013（6）：83 – 89.

[90] 唐晓华，孙元君. 环境规制对区域经济增长的影响——基于产业结构合理化及高级化双重视角 [J]. 首都经济贸易大学学报，2019，21（3）：72 – 83.

[91] 陶静，胡雪萍. 环境规制对中国经济增长质量的影响研究 [J]. 中国人口·资源与环境，2019，29（6）：85 – 96.

[92] 陶群山，胡浩. 环境规制和农业科技进步的关系分析——基于波特假说的研究 [J]. 中国人口·资源与环境，2011，21（12）：52 – 57.

[93] 陶长琪，琚泽霞. 金融发展视角下环境规制对技术创新的门槛效应——基于价值链理论的两阶段分析 [J]. 研究与发展管理，2016，28（1）：95 – 102.

[94] 陶长琪，彭永樟. 从要素驱动到创新驱动：制度质量视角下的经济增长动力转换与路径选择 [J]. 数量经济技术经济研究，2018（7）：3 – 21.

[95] 田秋生. 高质量发展的理论内涵和实践要求 [J]. 山东大学学报（哲学社会科学版），2018（6）：1 – 8.

[96] 涂红星，肖序. 环境管制对自主创新影响的实证研究——基于负二项分布模型 [J]. 管理评论，2014（1）：57 – 65.

[97] 王德利，王岩. 北京市经济发展质量测度与提升路径 [J]. 城市问题，2015（10）：29 – 35.

[98] 王海威，朱建忠，许庆瑞. 技术创新能力及其测度指标研究综述 [J]. 中国地质大学学报（社会科学版），2005，5（5）：26 – 30.

[99] 王杰，刘斌. 环境规制与企业全要素生产率——基于中国工业企业数据的经验分析 [J]. 中国工业经济，2014，312（3）：44 – 56.

[100] 王群勇，陆凤芝. 环境规制能否助推中国经济高质量发展？[J].

郑州大学学报（哲学社会科学版），2018，51（6）：64 – 70.

[101] 王文普，陈斌.环境政策对绿色技术创新的影响研究［J］.经济经纬，2013（5）：54 – 59.

[102] 王文普，印梅.空间溢出、环境规制与技术创新［J］.财经论丛，2015，202（12）：92 – 99.

[103] 王小鲁，樊纲，刘鹏.中国经济增长方式转换和增长可持续性［J］.经济研究，2009（1）：4 – 16.

[104] 王小宁，周晓唯.西部地区环境规制与技术创新［J］.技术经济与管理研究，2014（5）：114 – 118.

[105] 王晓红，冯严超，焦国伟.环境规制对中国城市发展质量的影响研究［J］.吉林大学社会科学学报，2019，59（4）：19 – 29.

[106] 王永昌，尹江燕.论经济高质量发展的基本内涵及趋向［J］.浙江学刊，2019（1）：91 – 95.

[107] 王中兴，李桥兴.依据主、客观权重集成最终权重的一种方法［J］.应用数学与计算数学学报，2006（6）：87 – 92.

[108] 魏敏，李书昊.新常态下中国经济增长质量的评价体系构建与测度［J］.经济学家，2018（4）：19 – 26.

[109] 温忠麟，叶宝娟.中介效应分析：方法和模型发展［J］.心理科学进展，2014，22（5）：731 – 745.

[110] 温忠麟，张雷，侯杰泰，刘红云.中介效应检验程序及其应用［J］.心理学报，2004，36（6）：614 – 620.

[111] 吴易风.经济增长理论：从马克思的增长模型到现代西方经济学家的增长模型［J］.当代经济研究，2000（8）：1 – 4.

[112] 伍凤兰.经济发展质量的综合评价研究——以深圳市为例［J］.证券市场导报，2014（2）：42 – 46.

[113] 项保华，许庆瑞.试论制订技术创新政策的理论基础［J］.数量经济技术经济研究，1989（7）：52 – 55.

[114] 肖红，郭丽娟.中国环境保护对产业国际今后在能力的影响分析［J］.国际贸易问题，2006（12）：92 – 96.

[115] 肖璐.FDI与发展中东道国环境规制的关系研究［D］.南昌：江西财经大学，2010.

[116] 肖明月, 杨君. 要素质量、要素配置效率、技术创新与经济增长质量——基于浙江省级数据的实证分析 [J]. 浙江金融, 2015 (1): 70-75.

[117] 谢垩. 环境规制与中国工业生产率增长 [J]. 产业经济研究, 2008, 32 (1): 19-69.

[118] 熊彼特. 经济发展理论 [M]. 北京: 商务印书馆, 1991: 53-84.

[119] 熊艳. 基于省际数据的环境规制与经济增长关系 [J]. 中国人口·资源与环境, 2011, 21 (5): 126-131.

[120] 熊鹰, 徐翔. 政府环境监管与企业污染治理的博弈分析及对策研究 [J]. 云南社会科学, 2007 (4): 60-63.

[121] 徐志向, 丁任重. 新时代中国省际经济发展质量的测度、预判与路径选择 [J]. 政治经济学评论, 2019, 10 (1): 172-194.

[122] 许士春, 何正霞, 龙如银. 环境规制对企业绿色技术创新的影响 [J]. 科研管理, 2012, 33 (6): 67-74.

[123] 许士春. 环境管制与企业竞争力——基于"波特假说"的质疑 [J]. 国际贸易问题, 2007 (5): 78-83.

[124] 许永兵, 罗鹏, 张月. 高质量发展指标体系构建及测度——以河北省为例 [J]. 河北大学学报 (哲学社会科学版), 2019, 44 (3): 86-97.

[125] 颜双波. 基于熵值法的区域经济增长质量评价 [J]. 统计与决策, 2017 (21): 142-145.

[126] 杨凤林, 陈金贤, 杨晶玉. 经济增长理论及其发展 [J]. 经济科学, 1996 (1): 71-75.

[127] 杨涛. 环境规制对中国 FDI 影响的实证分析 [J]. 世界经济研究, 2003 (5): 65-68.

[128] 杨伟明. 贯彻中央经济工作会议精神, 推动高质量发展 [J]. 宏观经济管理, 2018 (2): 13-17.

[129] 杨玉英. 地区经济高质量发展内涵与路径——以广西钦州市为例 [J]. 中国产经, 2019 (2): 74-79.

[130] 殷宝庆. 环境规制与技术创新——基于垂直专业化视角的实证研究 [D]. 杭州: 浙江大学, 2013.

[131] 殷宝庆. 环境规制与我国制造业绿色全要素生产率——基于国际垂直专业化视角的实证 [J]. 中国人口·资源与环境, 2012, 22 (12):

60 –66.

[132] 于学东. 经济增长方式与经济发展方式的内涵比较与演进 [J]. 经济纵横，2007（12）：82 –84.

[133] 余晖. 政府与企业：从宏观管理到微观管制 [M]. 福州：福建人民出版社，1997.

[134] 余娟娟. 环境规制对行业出口技术复杂度的调整效应 [J]. 中国人口·资源与环境，2015，25（8）：125 –134.

[135] 余茜. 环境规制、地方政府竞争对技术创新的影响 [D]. 武汉：武汉纺织大学，2018.

[136] 原毅军，谢荣辉. 环境规制的产业结构调整效应研究 [J]. 中国工业经济，2014，317（8）：57 –69.

[137] 原毅军，谢荣辉. 环境规制与工业绿色生产率增长——对"强波特假说"的再检验 [J]. 中国软科学，2016（7）：144 –154.

[138] 詹新宇，崔培培. 中国省级经济增长质量的测定与评价——基于"五大发展理念"的实证分析 [J]. 财政研究，2016（8）：40 –53.

[139] 张波. 政府规制理论的演进逻辑与善治政府之生成 [J]. 求索，2010（8）：62 –64.

[140] 张成，陆旸，郭路，于同申. 环境规制强度和生产技术进步 [J]. 经济研究，2011（2）：113 –124.

[141] 张成，于同申，郭路. 环境规制影响了中国工业的生产率吗——基于 DEA 与协整分析的实证检验 [J]. 经济理论与经济管理，2010（3）：11 –17.

[142] 张弛，任剑婷. 基于环境规制的我国对外贸易发展策略选择 [J]. 生态经济，2005（10）：169 –171.

[143] 张耿庆. 我国技术创新与经济增长的实证研究 [J]. 经济纵横，2007（4）：49 –51.

[144] 张红. 长江经济带经济发展质量测度研究 [J]. 上海金融，2015（12）：19 –24.

[145] 张红凤，张细松. 环境规制理论研究 [M]. 北京：北京大学出版社，2012：13.

[146] 张建华，杨少瑞. 发展经济学起源、脉络与现实因应 [J]. 中国

经济学新论, 2016 (12): 134 - 143.

[147] 张杰, 刘志彪, 郑江淮. 中国制造业企业创新活动的关键影响因素研究——基于江苏省制造业企业问卷的分析 [J]. 管理世界, 2007 (6): 64 - 74.

[148] 张娟, 耿弘, 徐功文, 陈健. 环境规制对绿色技术创新的影响研究 [J]. 中国人口·资源与环境, 2019, 29 (1): 168 - 176.

[149] 张军扩, 侯永志, 刘培林, 何建武, 卓贤. 高质量发展的目标要求和战略路径 [J]. 管理世界, 2019 (7): 1 - 7.

[150] 张林姣. 新常态下环境规制对经济增长的影响——基于2009 ~ 2013 年省际面板数据 [J]. 科技与管理, 2015, 17 (5): 100 - 104.

[151] 张嫚. 环境规制与企业行为间的关联机制研究 [J]. 财经问题研究, 2005 (4): 34 - 39.

[152] 张美月. 环境规制对福建省大中型工业企业技术创新的影响研究 [D]. 厦门: 集美大学, 2018.

[153] 张平, 张鹏鹏, 蔡国庆. 不同类型环境规制对企业技术创新影响比较研究 [J]. 中国人口·资源与环境, 2016, 26 (4): 8 - 13.

[154] 张倩. 环境规制对技术创新的非线性影响研究——基于中国2003—2011 年省际面板数据分析 [J]. 北京交通大学学报 (社会科学版), 2016a (1): 65 - 73.

[155] 张倩. 环境规制对绿色技术创新的实证研究——基于政策差异化视角的省级面板数据分析 [J]. 工业技术经济, 2015, 261 (7): 10 - 18.

[156] 张倩. 环境规制对企业技术创新的影响机理及实证研究 [D]. 哈尔滨: 哈尔滨工业大学, 2016b.

[157] 张涛. 高质量发展的理论阐释及测度方法研究 [J]. 数量经济技术经济研究, 2020 (5): 23 - 43.

[158] 张小依. 基于"五大发展理念"中部六省经济发展质量测度——以2016 年为例 [J]. 区域经济, 2018 (8): 43 - 47.

[159] 张震, 刘雪梦. 新时代我国15 个副省级城市经济高质量发展评价体系构建与测度 [J]. 经济问题探索, 2019 (6): 20 - 31.

[160] 张中元, 赵国庆. FDI、环境规制与技术进步——基于中国省级数据的实证分析 [J]. 数量经济技术经济研究, 2012 (4): 19 - 32.

[161] 赵德友，邱玲，徐委乔．中国省区市高质量发展指数测度模型及结果分析 [J]．市场研究，2018（11）：15－26．

[162] 赵红．环境规制对产业技术创新的影响——基于中国面板数据的实证分析 [J]．产业经济研究，2008，34（3）：35－40．

[163] 赵红．环境规制对中国产业技术创新的影响 [J]．经济管理，2007（21）：57－61．

[164] 赵红．环境规制对中国产业绩效影响的实证研究 [M]．北京：经济科学出版社，2011：35．

[165] 赵树宽，余海晴，姜红．技术标准、技术创新与经济增长关系研究——理论模型及实证分析 [J]．科学学研究，2012，30（9）：1333－1341．

[166] 赵细康．环境保护与产业国际竞争力理论与实证分析 [M]．北京：中国社会科学出版社，2003：10－12．

[167] 赵细康．引导绿色创新：技术创新导向的环境政策研究 [M]．北京：经济科学出版社，2006．

[168] 赵霄伟．环境规制、环境规制竞争与地区工业经济增长——基于空间 Durbin 面板模型的实证研究 [J]．国际贸易问题，2014（7）：82－92．

[169] 赵玉民，朱方明，贺立龙．环境规制的界定、分类与演进研究 [J]．中国人口·资源与环境，2009（6）：85－90．

[170] 赵忠诚．环境规制对绿色技术创新的影响研究：基于地理与经济维度的空间交互模型分析 [D]．杭州：浙江理工大学，2018．

[171] 郑玉歆．全要素生产率的再认识——用 TFP 分析经济增长质量存在的若干局限 [J]．数量经济技术经济研究，2007（9）：3－11．

[172] 植草益．微观规制经济学 [M]．朱绍文等译．北京：中国发展出版社，1992：38．

[173] 周黎安．中国地方官员的晋升锦标赛模式研究 [J]．经济研究，2007（7）：36－50．

[174] 朱勇，张宗益．技术创新对经济增长影响的地区差异研究 [J]．中国软科学，2005（11）：92－98．

[175] 邹一楠，赵俊豪．中国经济发展方式转变指标体系的构建与测

度 [J]. 统计与决策, 2017 (23): 36 – 39.

[176] Aghion P, Howitt P. A Model of Growth through Creative Destruction [J]. Econometrica, 1992, 60 (2): 323 – 351.

[177] Andreoni J, Levinson A. The Simple Analytics of the Environmental Kuznets Curve [J]. Journal of Public Economics, 2000, 80 (2): 269 – 286.

[178] Aplay E, Steven B, Joe K. Growth and Environmental Regulation in Mexican and U. S. Food Manufacturing [J]. American Journal of Agricultural Economics, 2002, 84 (4): 887 – 901.

[179] Arellano M, Bond S. Some Test of Specification for Panel Data: Monte Carlo Evidence and an Application to Employment Equations [J]. Review of Economic Studies, 1991, 58 (2): 227 – 297.

[180] Arrow K J. The Economic Implications of Learning by Doing [J]. The Review of Economic Studies, 1962, 29 (3): 155 – 173.

[181] Arundel A. The Relative Effectiveness of Patents and Secrecy for Appropriation [J]. Research Policy, 2001, 30 (4): 611 – 624.

[182] Barro R J, Lee J W. International Data on Educational Attainment: Updates and Implications [R]. CID Working Paper No. 42, 4, 2000.

[183] Barro R J. Quality and Quantity of Economic Growth [R]. Central Bank of Chile, 3 – 5, 2002.

[184] Berman E, Bui L T M. Environmental Regulation and Productivity: Evidence from Oil Refineries [J]. Review of Economics and Statistics, 2001, 83 (3): 498 – 510.

[185] Blundell R, Bond S. Initial Conditions and Moment Restrictions in Dynamic Panel Data Models [J]. Journal of Econometrics, 1998, 87 (1): 115 – 143.

[186] Bréchet T, Meunier G. Are Clean Technology and Environmental Quality Conflicting Policy Goals [J]. Resource and Energy Economics, 2014, 38: 61 – 83.

[187] Brunel C, Levinson A. Measuring Environmental Regulatory Stringency [R]. Paris: OECD Trade and Environment Working Papers, 2013.

[188] Brunnermeier S B, Cohen M A. Determinants of Environmental Inno-

vation in US Manufacturing Industries [J]. Journal of Environmental Economics and Management, 2003, 45 (2): 278 - 293.

[189] Busse M. Trade, Environment Regulation and the Word Trade Organization: New Empirical Evidence [J]. Journal of World Trade, 2004, 38: 285 - 306.

[190] Christimansen G B, Haveman R H. The Contribution of Environmental Regulations to the Slowdown in Productivity Growth [J]. Journal of Environmental Economics and Management, 1981 (8).

[191] Cole H S. Freeman C, Johado M, Pavit K L R. Thinking About the Future: A Critique of the Limits to Growth [M]. London: Chatto and Windus, 1973.

[192] Conrad K, Wastl D. The Impact of Environmental Regulation on Productivity in German Industries [J]. Empirical Economics, 1995, 20 (4): 615 - 633.

[193] Cropper M L, Oates W E. Environmental Economics: A Survey [J]. Journal of Economic Literature, 1992, 30 (2): 675 - 740.

[194] Dasgupta S, Mody A, Roy S, Wheeler D. Environmental Regulation and Development: A Cross - Country Empirical Analysis [J]. Oxford Development Studies, 2001, 29: 173 - 185.

[195] Domazlicy B R, Weber W. L. Does Environmental Protection Lead to Slower Productivity Growth in the Chemical Industry [J]. Environmental and Resource Economics, 2004, 28 (3): 88 - 104.

[196] Frondel M, Horbach J, Rennings K. End - of - pipe or Clear Production? An Empirical Comparison of Environmental Innovation Decisions Across OECD Countries [J]. Business Strategy and the Environment, 2007, 16 (8): 571 - 584.

[197] Gollop F M, Roberts M L. Environmental Regulations and Productivity Growth: The Case of Fossil - fueled Electric Power Generation [J]. Journal of Political Economy, 1983, 91 (4): 654 - 674.

[198] Gray M E, Shadbegian R. Environmental Regulation and Manufacturing Productivity at the Plant Level [R]. NBER Working Paper, 1993.

[199] Gray W B, Deily M E. Compliance and Enforcement: Air Pollution Regulation in the U. S. Steel Industry [J]. Journal of Environmental Economics and Management, 1996, 31 (1): 96 –111.

[200] Gray W B, Shadbegian R J. Pollution Abatement Costs, Regulation, and Plant – Level Productivity [R]. NBER Working Paper, 1995 (1): 1 –30.

[201] Gray W B. The Cost of Regulation: OSHA, EPA and the Productivity Slowdown [J]. The American Economic Review, 1987, 77 (5): 998 –1006.

[202] Groshby M. Patents Innovation and Growth [J]. Economic Record, 2000 (76): 252 –262.

[203] Hamamoto M. Environmental Regulation and the Productivity of Japanese Manufacturing Industries [J]. Resource and Energy Economics, 2006, 28 (4): 299 –312.

[204] Hansen B E. Inference When a Nuisance Parameter Is Identified under the Null Hypothesis [J]. Econometrica, 1996, 64 (2): 413 –430.

[205] Hansen B E. Sample Splitting and Threshold Estimation [J]. Econometrica, 2000, 68 (3): 575 –603.

[206] Hansen B E. Threshold effects in non – dynamic panels: Estimation, testing, and inference [J]. Journal of Econometrics, 1999, 93 (2): 345 –368.

[207] Jaffe A B, Palmer K. Environmental Regulation and Innovation: A Panel Data Study [J]. Review of Economics and Statistics, 1997, 79 (4): 610 –619.

[208] Jaffe A B, Peterson S R, Portney P R, Stavins R N. Environmental Regulation and the Competitiveness of U. S. Manufacturing: What Does the Evidence Tell Us? [J]. Journal of Economic Literature, 1995, 33 (1): 132 – 163.

[209] Javorcik B S, Wei S J. Pollution Havens and Foreign Direct Investment: Dirty Secret or Popular Myth? [J]. Contributions in Economic Analysis and Policy, 2004, 3 (2): 1 –28.

[210] Jorgenson D W, Wilcoxen P J. Environmental Regulation and U. S. Economic Growth [J]. The RAND Journal of Economics, 1990, 21 (2): 314 –340.

［211］ Lanjouw J O, Mody A. Innovation and the International Diffusion of Environmentally Responsive Technology ［J］. Research Policy, 1996, 25 (4): 549 – 571.

［212］ Lanoie P, Patry M, Lajeunesse R. Environmental Regulation and Productivity: Testing the Porter Hypothesis ［J］. Journal of Productivity Analysis, 2008, 30 (2): 121 – 128.

［213］ Levinson A. Environmental Regulations and Manufacturers' Location Choices: Evidence from the Census of Manufactures ［J］. Journal of Public Economics, 1996, 62: 5 – 29.

［214］ Low P, Yeats A. Do Dirty Industries Migrate ［J］. International Trade and the Environment, 1992 (159): 89 – 104.

［215］ Lucas R E. On the Mechanics of Economic Development ［J］. Journal of Monetary Economics, 1988, 22 (1): 3 – 42.

［216］ Malthus R T. An Essay on the Principle of Population as it Affects the Future Improvement of Society ［M］. London: Ward Lock, 1798.

［217］ Managi S, Kaneko S. Environmental Performance and Returns to Pollution Abatement in China ［J］. Ecological Economics, 2009, 68 (6): 1643 – 1651.

［218］ Mansfield E, Schwartz M, Wagner S. Imitation Costs and Patents: An Empirical Study ［J］. Economic Journal, 1981, 91 (364): 907 – 918.

［219］ Mohr R D. Technical Change, External Economies, and the Porter Hypothesis ［J］. Journal of Environmental Economics and Management, 2002, 43 (1): 158 – 168.

［220］ Mueser R. Indentifying Technical Innovations ［J］. IEEE Trans on Management, 1985 (11): 98 – 101.

［221］ Palmer M A, Ambrose R F, Poff N L. Ecological Theory and Community Restoration Ecology ［J］. Restoration Ecology, 1997, 5 (4): 291 – 300.

［222］ Peneder M. Industrial Structure and Aggregate Growth ［J］. Structural Change & Economic Dynamics, 2003, 14 (4): 427 – 448.

［223］ Porter M E, van der Linde C. Toward a New Conception of the Environment—Competitiveness Relationship [J]. The Journal of Economic Perspectives, 1995, 9 (4): 97 –118.

[224] Porter M E. America's Green Strategy [J]. Scientific American, 1991, 264 (4): 168.

[225] Rhoades J D. Methods of Soil Analysis Part 2: Chemical and Microbiological Properties [M]. New York: Academic Press, 1985: 167 –178.

[226] Ricardo D. Principles of Political Economy and Taxation [M]. London: Pelican Books, 1817.

[227] Romer P. M. Increasing Returns and Long – run Growth [J]. Journal of Political Economy, 1986, 94 (5): 1002 –1037.

[228] Sachs J D, Warner A M. Natural Resource Abundance and Economic Growth [R]. NBER Working Paper, 1995.

[229] Schmookler J. Changes in Industrial and in the State of Knowledge as Determinants of Industrial Invention [C] //Nelson R R. The Rate and Direction of Inventive Activity. Princeton: Princeton University Press, 1962: 195 –232.

[230] Simpson R D, Bradford R L. Taxing Variable Cost: Environmental Regulation as Industrial Policy [J]. Journal of Environmental Economic and Management, 1996, 30 (3), 282 –300.

[231] Solow R M. Technical Change and the Aggregate Production Function [J]. The Review of Economic and Statistics, 1957, 39 (3): 312 –320.

[232] Smith A. An Inquiry into the Nature and Causes of the Wealth of Nations [M]. London: Routledge, 1776.

[233] Solo C S. Innovation in the Capitalist Process: A Critique of the Schumpeterian Theory [J]. The Quarterly Journal of Economics, 1951, 65 (3): 417 –428.

[234] Solow R. A Contribution to the Theory of Economic Growth [J]. The Quarterly Journal of Economics, 1956, 70 (1), 65 –94.

[235] Telle K, Larsson J. Do Environmental Regulations Hamper Productivity Growth? How Accounting for Improvements of Plants' Environmental Performance can Change the Conclusion [J]. Ecological Economics, 2007, 61 (2 –3): 438 –445.

［236］ Tobler W. A Computer Movie Simulating Urban Growth in the Detroit Region ［J］. Economic Geography, 1970, 46: 234 – 240.

［237］ Van Beers C, van den Bergh J. An Empirical Multi – Country Analysis of the Impact of Environmental Regulation on Foreign Trade Flows ［J］. Kyklos, 1997, 50 (1): 29 – 46.

［238］ Walley N, Whitehead B. It's Not Easy Being Green ［J］. Harvard Business Review, 1994, 72 (3): 46 – 51.

［239］ Walter I, Ugelow J L. Environmental Policies in Developing Countries ［J］. Technology, Development and Environmental Impact, 1979, 8 (2 – 3): 102 – 109.

［240］ Xepapadeas A, Zeeuw A D. Environmental Policy and Competitiveness: The Porter Hypothesis and the Composition of Capital ［J］. Journal of Environmental Economics and Management, 1999, 37: 165 – 182.

［241］ Yang C H, Tseng Y H, Chen C P. Environmental Regulations, Induced R&D, and Productivity: Evidence from Taiwan's Manufacturing Industries ［J］. Resource and Energy Economics, 2012, 34 (4): 514 – 532.

后　记

　　时光荏苒，犹如白驹过隙。在我步入不惑之年时，我的博士生涯也行将结束。自踏进大学校园至今已二十余年，这一路走来虽有坎坷，但也幸运。此时，想说的话太多，想感谢的人更多，妻子、父母、恩师、弟妹、同学、朋友，是你们的帮助和支持给了我继续坚持的勇气和动力，也是因为有你们的关怀与陪伴，才使我的校园学习完满结束。

　　在博士研究生学习期间，我最崇敬的博士导师易敏利教授给予了我太多的帮助，师恩之情难以言表。易教授严谨的治学态度、崇高的人格品质、深厚的学术底蕴、渊博的学识修养给我留下了极为深刻的印象，所有这些优良品质都值得我终生学习。读博期间，导师易教授无论在学术还是生活上都给予了我慈父般关怀，令我感动至深。在此，谨向导师易教授表达我最诚挚的感谢！

　　在我的博士论文写作过程中，导师易敏利教授倾注了大量的心血，从论文选题、构思、框架构建、理论逻辑到终稿审定等环节，易教授无不亲力亲为，在繁杂的事务中抽空给予我悉心指导。正因为有易教授诲人不倦的关怀与指导，才使得我的博士论文顺利完成。同时，在博士论文完成期间，邹红教授、刘璐教授、贾男教授、黄俊兵副教授、张安全副教授等给予了精心指导，提出了许多宝贵的意见和建议，在此一并对他们表示感谢！读博期间，经济学院领导、杨海涛教授、徐舒教授、蔡晓陈教授、雷震教授、刘书祥教授、邢祖礼副教授及李毅、王玥和王芳老师等也给予了太多帮助，也向他们表示感谢！还要感谢一起学习的博士同学余声启、张海浪、徐志向、张焱、薛蕾、刘明辉以及2016级各位博士同学，感谢他们给予我学习上的帮助。

　　多年的学习和工作中，最应该感谢的是我的妻子、儿子、父母和弟弟妹妹们，你们是我一路走来的精神支柱，是你们的无私奉献和默默付出，才让我顺利完成学业。读博期间，妻子用柔弱的肩膀扛起了家庭的责任，操持着家里家外，照顾一家老小，感谢妻子对我的理解以及无私付出，为我解决后顾之忧，才使我安心学习。感谢儿子竣文和竣予，在我枯燥的学习生活中，总能给我带来开心和欢乐，是你们给了我前进的动力和努力的决心。感谢父母和弟妹关心和帮助，你们总能在我遇到困难时给我鼓劲，用行动默默支持帮助我完成学业。在以后的生活中，我会用真心、真情、行动报答你们的恩情。

石华平

2022 年 8 月